专项职业能力考核培训教材

U0814501

航空物流

（初级）

人力资源社会保障部教材办公室　组织编写

中国劳动社会保障出版社

图书在版编目（CIP）数据

航空物流：初级 / 人力资源社会保障部教材办公室组织编写. -- 北京：中国劳动社会保障出版社，2020

专项职业能力考核培训教材

ISBN 978-7-5167-4772-8

Ⅰ. ①航… Ⅱ. ①人… Ⅲ. ①航空运输 – 货物运输 – 物流管理 – 技术培训 – 教材 Ⅳ. ①F560.84

中国版本图书馆 CIP 数据核字（2020）第 200662 号

中国劳动社会保障出版社出版发行

（北京市惠新东街 1 号　邮政编码：100029）

*

北京虎彩文化传播有限公司印刷装订　　新华书店经销

787 毫米 ×1092 毫米　16 开本　11.5 印张　210 千字

2020 年 10 月第 1 版　　2020 年 10 月第 1 次印刷

定价：30.00 元

读者服务部电话：（010）64929211/84209101/64921644

营销中心电话：（010）64962347

出版社网址：http://www.class.com.cn

编写人员

主　编：张晓梅　中国物流与采购联合会物流与供应链教育研究院

副主编：王斐玉　新疆交通职业技术学院

苏兆河　北京络捷斯特科技发展股份有限公司

成　员：李国栋　北京络捷斯特科技发展股份有限公司

张文静　北京络捷斯特科技发展股份有限公司

王文娟　魔鲤国际物流服务（北京）有限公司

陈从乐　深圳市米通国际货运代理有限公司

审定人员

主　审：张志林　河南省职业技能鉴定中心

副主审：李　丽　郑州市职业教育行业协会

成　员：刘　源　郑州航空工业管理学院

刘　威　河南工业大学管理学院

前 言

职业技能培训是全面提升劳动者就业创业能力、促进充分就业、提高就业质量的根本举措，是适应经济发展新常态、培育经济发展新动能、推进供给侧结构性改革的内在要求，对推动大众创业万众创新、推进制造强国建设、推动经济高质量发展具有重要意义。

为了加强职业技能培训，《国务院关于推行终身职业技能培训制度的意见》（国发〔2018〕11 号）、《国务院办公厅关于印发职业技能提升行动方案（2019—2021 年）的通知》（国办发〔2019〕24 号）提出，要深化职业技能培训体制机制改革，推进职业技能培训与评价有机衔接，建立技能人才多元评价机制，完善技能人才职业资格评价、职业技能等级认定、专项职业能力考核等多元化评价方式。

专项职业能力是可就业的最小技能单元，劳动者经过培训掌握了专项职业能力后，意味着可以胜任相应岗位的工作。专项职业能力考核是对劳动者是否掌握专项职业能力所做出的客观评价，通过考核的人员可获得专项职业能力证书。

为配合专项职业能力考核工作，人力资源社会保障部教材办公室组织有关方面的专家编写了这套专项职业能力考核培训教材。该套教材严格按照专项职业能力考核规范编写，教材内容充分反映了专项职业能力考核细目中的核心知识点与技能点，较好地体现了适用性、先进性与前瞻性。教材编写过程中，我们还专门聘请了相关行业和考核培训方面的专家参与教材的编审工作，保证了教材内容的科学性及与考核细目、题库的紧密衔接。

专项职业能力考核培训教材突出了适应职业技能培训的特色，使读者经过培训，不仅有助于通过考核，而且能够有针对性地进行学习，真正掌握专项职业能力的知识与技能。

本教材在编写过程中得到了郑州市高技能人才公共实训管理服务中心和河南省物流协会的大力支持，在此表示感谢。

教材编写是一项探索性工作，由于时间紧迫，不足之处在所难免，欢迎各使用单位及个人对教材提出宝贵意见和建议，以便教材修订时补充更正。

人力资源社会保障部教材办公室

目 录

培训任务四　进口业务操作

培训任务一

订单获取

学习单元 1

市场调研

任务目标

- 能收集国内外客户信息。
- 能整理客户信息。
- 能规范使用电话、传真、邮件等沟通方式进行信息收集。

聚焦情境

Carl 刚刚毕业于某大学物流专业，毕业以来他一直在努力寻找一份适合自己的工作。经过积极争取，Carl 凭借自己扎实的专业知识、乐观向上的精神面貌，以及良好的沟通协调能力，被 ××× 国际货运代理公司录用。

入职之初，××× 国际货运代理公司对 Carl 进行了一系列的培训，并安排了为期半年的岗位实习期。Carl 目前在航空货运部实习，在航空货运部李经理的安排下，Carl 从电话销售开始做起。Carl 一边学习电话销售的技巧、了解专业知识，一边迫不及待地开始了自己的工作。拿着主管提供的电话号码本，Carl 开始了他的工作。一开始 Carl 的工作并不顺利，电话号码有时是无效的；有时接通后，对方得知是货代业务员，会以已经有指定货代为理由拒绝，或者直接挂断电话。但是 Carl 并没有灰心，他虚心向同事们请教，前辈们告诉他，电话销售的成功概率很低，但能锻炼销售能力和陌生人沟通的能力，如果能初步建立联系，预约见面或获得其他联系方式都是成功的。Carl 经过前面的总结，决心改变方法来获取潜在客户的信息。

> *** 小提示 ***
>
> 指定货代是指货物的发运方已经由货物的收货方安排了货运代理公司，货物的运输事宜必须由指定的货运代理人员进行操作，发运方无权改变货运代理的选用。这种模式常见于货物运费由收货方支付的贸易条款中，如空运货物贸易中的 FCA（Free Carrier，货交承运人）条款等。

任务发布

Carl 收到李经理的邮件，告诉他一个潜在客户的电话联系方式，让他进行客户跟进。现在开始由 Carl 来完成此项任务，取得和客户的电话联系，完成客户基本发货信息的搜集，挖掘客户的潜在需求并推介公司的专业服务。

> Carl：
>
> 以下客户是我在交易会上见过的一个客户，在会上互相留了一张名片。你联系跟进一下，具体了解一下他们的进出口货运情况，然后向我汇报。
>
> 郑州××贸易有限公司，联系人：Warren，电话：137××××××××，邮件：Warren@××.com.cn
>
> 李经理

任务分析

任务分析如图 1–1 所示。

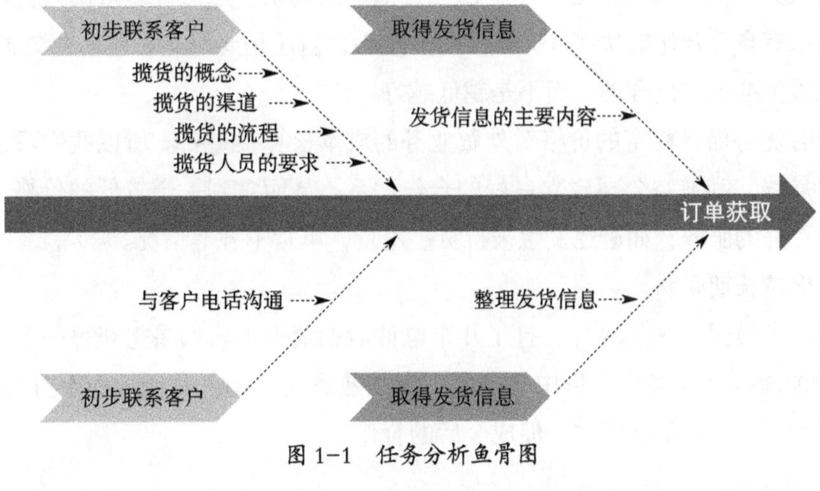

图 1–1　任务分析鱼骨图

任务实施

一、初步联系客户

（一）任务资讯

1. 揽货的概念

货运代理所提供的服务不像超市里摆放的商品那样，客户会主动上门购买，而是需要销售或者业务员寻找、挖掘出潜在客户，并做推销，行业中的专业术语叫作揽货。

2. 揽货的渠道

揽货的渠道包括电话、上门推销、网络、关系介绍等，身为业务员必须具备灵敏的信息触角，如产品生产线的投产、海外市场的开拓、各类贸易展会订单的签订，甚至企业的招聘信息等，货代的业务员都要发现新的业务需求信息，从而进行针对性开发。

3. 揽货的流程

揽货既然是推销活动，那么它的基本作业流程就是推销过程，即寻找客户、收集信息、访前准备、接近客户、沟通洽谈、异议处理、成交七个阶段。因为货代业务员提供的是服务而不是有形产品，在推销的成交阶段只能达成合作意向，至于是否实际成交，还要根据后续的订单下达及执行情况而定。

4. 揽货人员的要求

揽货人员应做到以下几点。

（1）先朋友，后业务

稳定是外贸考虑的一个重要因素，这就要求我们对待客户要热情、真诚，打动客户，使其成为我们的朋友，建立一个信任、稳定的关系。虽然许多进出口公司或者外贸业务员都有自己合作的伙伴，介入的可能性小，但还是要保持联系，先交朋友。

（2）报价的关键是合理，而不是越低越好

一个有优势而且稳定的价格对外贸业务的成本核算很重要。所以我们可以建立自己的优势航线，和航空公司建立良好的合作关系，从而拿到一个较低的价格，同时帮客户获得更好的服务，如避免发生被拉货、甩货，单货不齐等情况。

（3）保持长期联系

有些业务员送了一趟名片、打了几个电话后就消失了。如果想获得一个客户，就需要不断加深自己在客户心目中的印象，增强熟悉度，每个月或每两个月打个电话，定期访问大客户，经常交流才会促成今后的合作。

（4）过硬的业务本领

过硬的业务本领意味着客户懂的你懂，客户不懂的你也懂，能帮助客户了解、解释单据甚至帮助客户做单据，对各个业务环节给予适时的帮助，预见各环节的风险和注意事项，成为外贸人员的良师、益友，帮助他们成功地完成业务。但是，对于初出茅庐的货代业务员来说，不可能马上成为业务专家，这时切忌不懂装懂，有时谦虚的姿态、坦诚的告白同样可以打开合作的大门。

总之，货运代理业务员要加强业务的学习，多掌握综合的知识、多建立自己的优势服务内容，谈吐举止要优雅，不卑不亢，给客户留下良好的印象。

（二）实施过程

通过李经理的邮件，Carl 得知潜在客户是郑州 ×× 贸易有限公司，联系人是 Warren，联系电话是 137××××××××。Carl 对该公司做了一些调查，收集了公司的基础信息，以下为 Carl 与 Warren 的沟通记录。

Warren：您好，请问哪位？

Carl：Warren 您好，我是 ××× 国际货运代理公司的业务员，我叫 Carl。

Warren：您好，请问有什么事吗？

Carl：我了解到贵公司主要经营机电产品的进出口业务，运输方式主要是空运，所以想咨询一下贵公司的具体需求，看看有无可能和贵公司进行合作。

Warren：我们每星期都有货物需要发到欧美地区。

Carl：我公司是一级货代公司，与很多航空公司，如国航、南航、汉莎、长荣等都有合作，能够取得不错的价格优惠。如果方便，您可以告诉我贵公司下星期的发货情况，我可以给您提供一个具体的报价供您参考。

Warren：我们现在用的也是一级货代的服务，不过你可以给我报一个价看看，你先发一些你公司的介绍资料给我，我参考一下。

Carl：好的，我有您的邮件地址，那我马上把公司简介发一份给您。

Warren：好的，再见。

Carl：再见。

> ***小提示***
>
> 如果客户公司联系人的联系方式是座机，则通常会首先接通到公司前台，前台人员会首先询问你要找的人是谁，如果你不知道，则往往会被当作推销电话直接挂掉。甚至是有的前台除了询问你联系人之外，还会询问他的职务。所以不管是客服人员还是销售人员，在拨打客户公司电话前务必要知道联系人的姓名。如果客户愿意把他公司的货物发运情况告诉你，说明他并不排斥你的来电，并且对货代服务有潜在的需求。反之，客户会找一个理由拒绝你并挂掉电话。

二、取得发货信息

（一）任务资讯

在获取了客户后，需要向货主了解以下发货信息。

（1）想走何种运输方式？

（2）货物从哪里出运（起运地）？

（3）货物的品名是什么？一般航空公司可以通过货物的名称来判断货物是否属于危险品货物，例如，锂电池属于常见的危险品货物，虽然锂电池可以发运，但是货运要求很高，发运前需要通过专业的危险品检验，取得相应的证书，如 MSDS 证书、UN38.3 认证测试等。即使不是危险品货物，在不同时期，航空公司对某类货物也会有禁运的要求，例如，猪瘟流行期间航空公司禁运腊肉、香肠等。所以品名看似不重要，实则非常重要，发运前一定要获得货物的详细品名信息。

（4）货物的包装、件数、毛重、体积（尺寸），由于空运对单件重量和体积、尺寸要求比较多，需要确认有没有超高、超重、超长、超大的货物。

（5）货要发到哪里（目的地）？

（6）预计什么时间发货？是否有其他特殊要求（如对航空公司是否有要求等、是否需要上门提货）？

（二）实施过程

Carl 将沟通情况汇报给了李经理，李经理将公司介绍资料发给 Carl，让 Carl 发送给 Warren。以下是 Carl 发送的邮件。

> 亲爱的 Warren：
>
> 您好，很高兴和您的通话。根据您的要求，我将公司的介绍资料附在邮件中，请您查看。
>
> 在电话中您提到贵司每周都有货物要发运，我公司可为您提供报价，供您参考。为了报价准确，请您提供详细的货物信息，包括货物的品名、发运机场、目的机场、货物的毛重、件数、尺寸、总体积、时效要求、航空公司要求、是否需要安排上门提货等。
>
> 如有任何问题或需求，请随时联系我！谢谢！
>
> 祝好！
>
> Carl

Carl 收到 Warren 的回复邮件，内容如下。

> 亲爱的 Carl：
>
> 您好！贵公司的介绍资料已经收到，贵公司的资质符合我们的要求。我司下周有一票货物要从郑州出口至荷兰阿姆斯特丹，货物信息如下。

商品：自动节水水龙头。
件数：60 箱。
毛重：450 kgs。
体积：44 cm × 30 cm × 45 cm/ 3.564 cbm。
贸易术语：DAP。
需要贵公司仅提供航空运输服务，请给我提供一个航空运费的报价表，方便我核算成本，时效和航空公司都不做具体要求。谢谢！
祝好！
Warren

至此，Carl 完成了订单获取工作。当拿到客户的货物信息后，货代公司就可以查询运价、为客户提供报价了。作为一级货代，航空公司和货代公司之间会签署协议价格，协议价格会比市场零售价低很多。货量特别大的情况下，可以单独向航空公司申请更低的运价。

知识考核

一、单选题

1. 揽货的流程是（　　）。
A. 寻找客户、接近客户、收集信息、访前准备、沟通洽谈、异议处理、成交
B. 寻找客户、收集信息、访前准备、接近客户、沟通洽谈、异议处理、成交
C. 寻找客户、访前准备、收集信息、接近客户、沟通洽谈、异议处理、成交
D. 寻找客户、访前准备、接近客户、收集信息、沟通洽谈、异议处理、成交

2. 客户跟进的要点不包含（　　）。
A. 报价越低越好
B. 先朋友，后业务
C. 过硬的业务本领
D. 保持长期联系

二、多选题

1. 常见的揽货方法有（　　）。
A. 扫楼　　B. 电话销售　　C. 网络营销
D. 展会　　E. 关系介绍

2. 发货信息收集的要点包括（　　）。

A. 货物品名

B. 启运地与目的地

C. 贸易合同

D. 箱单

E. 预计发货时间

三、判断题

1. 货代业务员在第一次与客户进行电话销售过程中，应尽量延长与客户通话的时间。（　　）

2. 为客户提供报价时，报价的关键是合理，而不是越低越好。（　　）

3. 由于空运对单件重量和体积、尺寸要求比较多，因此需要向客户获取货物的包装件数、毛重、体积（尺寸）信息。（　　）

技能训练

1. 李经理将一个新的客户信息与联系方式发送给 Carl，让 Carl 与客户沟通，挖掘客户的潜在需求并推介公司的专业服务。请自行组队，两人为一小组，自制脚本扮演 Carl 与客户，模拟与客户第一次电话沟通的过程。客户信息如下。

公司名称：河南 ××× 电器股份有限公司。

业务范围：航空航天器和设备、电气机械和器材、金属制品、通用设备的研发和销售等。

联系人：赵 ××。

职位：物流部部长。

联系方式：0371-511××××。

2. 在与客户电话沟通后，赵部长对 ××× 国际货运代理公司非常认可，于是他将公司下周的空运货运需求发送给了 Carl，请自行查找货物信息，以赵部长的身份发送该邮件。

学习单元 2

产品制作与推广

任务目标

- 能依据客户需求提供航线、航班和航程信息。
- 能依据客户的运输需求提供不同货物、不同服务时效的报价。
- 能清晰、准确、有效地向客户现场展示产品和服务。
- 能通过不同的渠道向客户介绍产品和服务。

聚焦情境

××× 国际货运代理公司航空货运部 Carl 通过与潜在客户郑州 ×× 贸易有限公司 Warren 电话沟通，向 Warren 发送了公司介绍资料，获得了潜在客户郑州 ×× 贸易有限公司的货运信息。

> 亲爱的 Carl：
>
> 你好！贵公司的介绍资料已经收到，贵公司的资质符合我们的要求。我司下周有一票货物要从郑州出口至荷兰阿姆斯特丹，货物信息如下。
>
> 商品：自动节水水龙头。
>
> 件数：60 箱。
>
> 毛重：450 kgs。
>
> 体积：44 cm × 30 cm × 45 cm/3.564 cbm。

贸易术语：DAP。

需要贵司仅提供航空运输服务，请给我提供一个航空运费的报价表，方便我核算成本，时效和航空公司都不做具体要求。谢谢！

祝好！

Warren

任务发布

Carl 将郑州 ×× 贸易有限公司的货运信息发送给航空货运部李经理，李经理提供三家航空公司报价表给 Carl，要求 Carl 在航空公司报价表的基础上，增加 0.5 元 /kg 的利润，分别计算三家航空公司的报价（见表 1-1 ~ 表 1-3），并发送三家航空公司的报价邮件给 Warren。

表 1-1　　中国国际航空股份有限公司（CA）运价表

航线	机型	启运港	目的港	时效（天）	班次	转运运价（元 /kg）	
						45	100
欧洲	货机	郑州 CGO	阿姆斯特丹 AMS	2	1/3/5	14.6	13.4
		郑州 CGO	法兰克福 FRA	2	1/3/5	14.6	13.4
	客机	郑州 CGO	巴黎 CDG	2	1/2/4/5	14.6	13.4
		郑州 CGO	莫斯科 SVO	1	2/3/4/5	20.6	19.4
		郑州 CGO	马德里 MAD	1	1/3	19.4	18.2
		郑州 CGO	布拉格 PRG	2	2/5	14.6	13.4
北美	客货机	郑州 CGO	洛杉矶 LAX	2	3/4/7	17.0	15.8
		郑州 CGO	芝加哥 ORD	2	1/2/4	17.0	15.8
	货机	郑州 CGO	亚特兰大 ATL	2	1/3/6	20.6	19.4
	客机	郑州 CGO	温哥华 YVR	2	1/3/5	19.4	19.4
		郑州 CGO	纽约 JFK	2	3/4/5	17.0	15.8
		郑州 CGO	夏威夷 HNL	2	1/3/4	25.4	24.2
		郑州 CGO	旧金山 SFO	2	2/4	14.6	13.4

1. 以上价格已含燃油、战险。
2. 报关费 200 元 / 票，制单费 50 元 / 票。

表 1-2　　大韩航空公司（KE）运价表

Origin	Dest	T/T	CURR	WEIGHT					
				M	N	+45K	+100K	+300K	+500K
CGO	ATL	2	CNY	399	59.8	20.8	17.6	16.8	16.0
CGO	CHI	1	CNY	399	61.1	18.4	15.2	14.4	13.6
CGO	DFW	2	CNY	399	59.1	20.0	17.6	16.8	16.0
CGO	GDL	1	CNY	399	46.2	24.0	21.6	20.8	20.0
CGO	HNL	1	CNY	399	44.7	12.8	10.4	9.6	8.8
CGO	LAS	2	CNY	399	45.0	14.4	12.0	11.2	10.4
CGO	LAX	2	CNY	399	47.4	16.8	14.4	13.6	12.8
CGO	MFE	1	CNY	399	58.2	20.0	17.6	16.8	16.0
CGO	MIA	1	CNY	399	59.8	20.0	17.6	16.8	16.0
CGO	NYC	1	CNY	399	51.1	18.4	16.0	15.2	14.4
CGO	SEA	2	CNY	399	47.4	20.0	17.6	16.8	16.0
CGO	SFO	1	CNY	399	47.4	17.6	15.2	14.4	13.6
CGO	WAS	2	CNY	399	53.0	18.4	16.0	15.2	14.4
CGO	YTO	2	CNY	399	49.0	20.0	17.6	16.8	16.0
CGO	YVR	2	CNY	399	47.4	19.2	16.8	16.0	15.2
CGO	SCL	2	CNY	399	82.2	36.0	33.6	32.8	32.0
CGO	LIM	1	CNY	399	77.7	36.0	33.6	32.8	32.0
CGO	MEX	1	CNY	399	47.4	24.8	22.4	21.6	20.8
CGO	MTY	1	CNY	399	44.9	24.8	22.4	21.6	20.8
CGO	SJU	2	CNY	399	63.1	34.4	32.0	31.2	30.4
CGO	SAO	2	CNY	399	92.4	36.0	33.6	32.8	32.0
CGO	AMS	1	CNY	304	38.2	15.2	12.8	12.0	11.2
CGO	BCN	2	CNY	304	45.8	14.4	12.0	11.2	10.4
CGO	FRA	1	CNY	304	34.6	14.4	12.0	11.2	10.4
CGO	LON	1	CNY	304	48.0	15.2	12.8	12.0	11.2

1. 以上价格均为成本运价，不含燃油、安全费。
2. 一区燃油 8 元 /kg；二区燃油 5.5 元 /kg；三区燃油 2.5 元 /kg；安全 1.2 元 /kg（40min）。
3. 班次：Daily。

表 1-3　德国汉莎航空股份公司（LH）报价表

CGO	时效（天）	45 kg	100 kg	300 kg	600 kg	1 000 kg
DME/MXP	1	23.4	21.2	14.0	11.3	10.4
LAX/SFO	1	23.4	18.5	14.0	11.3	11.3
NYC/CHI	1	23.4	20.3	14.9	12.2	12.2
DFW/ATL	1	23.4	20.3	14.9	12.2	12.2
AMS	1	23.4	14.9	14.9	13.7	12.5
ICN	1	9.9	7.7	5.9	2.3	4.1
JAPAN	1	5.4	2.3	2.3	1.8	1.4
HAN	1	9.9	7.7	5.9	5.0	4.1
SGN	1	14.4	11.3	8.6	7.7	6.8
IST	1	14.4	11.3	9.5	9.5	9.5
SYD/DEL	1	23.4	21.2	16.7	14.9	14.0
ALA/TAS	1	23.4	18.5	15.8	12.2	0.0

1. 以上价格均为净运价，不含燃油、安全费。
2. 一区燃油 7.3 元 /kg，二区燃油 5.5 元 /kg，三区燃油 2.5 元 /kg，安全 1.2 元 /kg。
3. 班次：Daily。

任务分析

任务分析如图 1-2 所示。

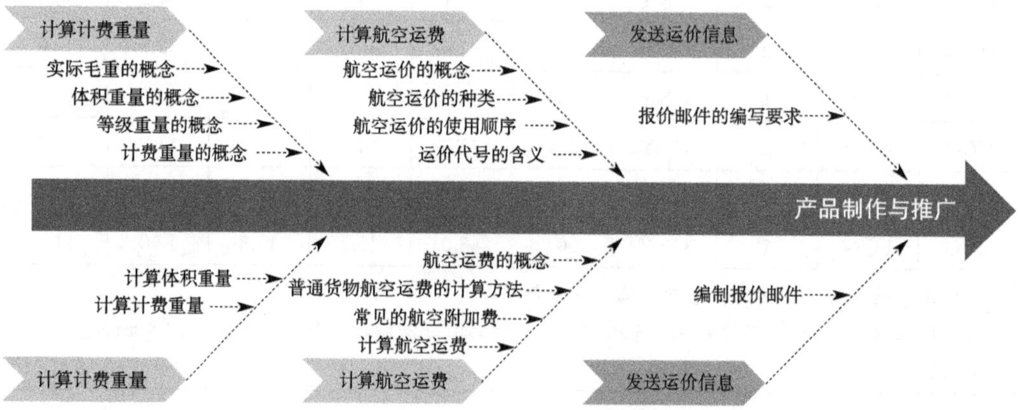

图 1-2　任务分析鱼骨图

任务实施

一、计算计费重量

（一）任务资讯

在空运业务中，航空货运的运费计算是由航空运价乘以货物的“千克”数来确定的，但这里“千克”数是指货物计费重量的千克数，计费重量千克数并不一定等于货物通过磅秤称出来的千克数，有的时候，这个千克数是用米尺“量”出来的。计费重量是根据货物的实际毛重和货物的“体积重量”二者比较后，选取较大的“千克”数计收的。

1. 实际毛重

实际毛重（Actual Gross Weight）是指包括货物包装在内的货物重量。为提高精确度，在称重时可保留两位小数。一般情况下，对于高密度货物，应考虑其实际毛重可能会成为计费重量。

2. 体积重量

由于飞机载运货物的货舱容积有限，航空公司在收取货运费用时，为了平衡货物实际重量与货物所占容积的关系，由国际航空运输协会（International Air Transport Association，IATA）统一确定了“体积重量”的标准公式。按照IATA规则，将货物的体积按照一定的比例折合成的重量，称为体积重量（Volume Weight）。由于货舱容积的限制，一般对于低密度货物（轻泡货物），应考虑其体积重量可能成为计费重量。

不论货物是否为规则的长方体或正方体，计算货物体积时，应以最长、最宽、最高的三边的厘米长度计算。航空货运货物的体积重量（kg）＝货物体积单位在立方厘米下的体积［长（cm）× 宽（cm）× 高（cm）］／ 6 000；也就是说，将6 000 cm^3的货物相当于1 kg来计算。如果把单位换算成立方米，进行单位换算后，货物的体积单位在1 m^3的体积下则要按照167 kg来计算。

3. 等级重量

如果托运人托运的货物，其重量接近于较高重量分界点，用较高重量分界点的较低运价计算出来的运费低于按适用运价计算出来的运费，那么此时可按较低运价收费。

4. 计费重量

一般情况，计费重量（Chargeable Weight）采用货物的实际毛重与货物的体积重量两者之间较高者；但当货物按较高重量分界点的较低运价计算的航空运费较低时，则较高重量分界点的货物起始重量作为货物的计费重量。若货物的毛重小而体积偏大，如棉花、编织工艺品等货物，那么货物的计费重量应当测量货物的体积来进行折算。

IATA 规定，国际货物的计费重量以 0.5 kg 为最小单位，重量尾数不足 0.5 kg 的，按照 0.5 kg 计算；重量尾数 0.5 kg 以上不足 1 kg 的，按 1 kg 计算。例如，103.001 kg 应记为 103.5 kg，103.501 kg 应记为 104.0 kg。

（二）实施过程

Carl 接到李经理布置的航空报价计算任务后，结合货物信息，计算了货物的计费重量，货物信息如下。

商品：自动节水水龙头。

件数：60 箱。

毛重：450 kg。

体积：44 cm × 30 cm × 45 cm/ 3.564 cbm。

（1）计算货物体积重量

体积重量 =44 × 30 × 45 × 60/6 000=594.0 kg。

（2）计算货物实际毛重

实际毛重 =450.0 kg。

（3）确定计费重量

计费重量是比较货物的实际毛重和体积重量的大小，取较大者；通过比较货物的实际毛重和体积重量，我们可以看到：

450.0 kg（实际毛重）< 594.0 kg（体积重量），所以此票货物的计费重量为 594.0 kg。

二、计算航空运费

（一）任务资讯

1. 航空运价的概念

航空运价是指承运人对所运输的每一单位重量（kg 或 lb）的货物所收取始发地机场至目的地机场的航空运输费用。

（1）用以公布航空货物运价的货币称为运输始发地货币。航空货物的运价一般以运输始发地的本国或本地区货币公布，有的国家或地区以美元代替其本国或本地区货币公布，以美元公布货物运价的国家或地区视美元为当地货币。运输始发地销售的航空货运单的任何运价、运费均应为运输始发地货币，即当地货币。

（2）货物运价具有有效期。销售航空货运单所使用的运价应为填制货运单之日的有效运价，即在航空货物运价有效期内使用的运价。

（3）货物运价具有方向性。运价是从一机场到另一机场，且只适用于单一方向。使用运价要注意运输线路的方向性，不得反方向使用运价。

（4）航空运价一般以 kg 或 lb 为计算单位。

（5）航空运价不包括其他额外费用，如提货、报关、交接和仓储费用等。

2. 航空运价的种类

按制定的途径不同，国际货物运价可分为协议运价和国际航协运价。

（1）协议运价。协议运价是指航空公司为了揽取更多的货源、鼓励托运人托运大批量货物，通过与托运人或代理人签订运价协议而给予的一种优惠运价。这种协议运价根据所订协议时间长短划分为长期协议（一年或一年以上）和短期协议（半年以内）。

（2）国际航协运价。国际航协运价是指在空运货物运价表（The Air Cargo Tariff，TACT）上公布的运价。按照 IATA 货物运价公布的形式划分，国际货物运价可分为公布直达运价和非公布直达运价，IATA 运价体系见表 1–4。

表 1–4 IATA 运价体系

IATA 运价	公布直达运价	普通货物运价
		指定商品运价
		等级货物运价
		集装货物运价
	非公布直达运价	比例运价
		分段相加运价

1）公布直达运价。公布直达运价是指承运人直接使用在运价资料中公布的从运输始发地至运输目的地的航空运价。运价的公布形式主要有 N、Q 运价结构和 B、K 运价结构两种。N 运价（Normal Rate）是指标准普通货物运价；Q 运价（Quantity Rate）指的是重量等级货物运价。B、K 运价结构，为欧洲内部特有的运价结构。B 为基础运价，K 为每千克费率。

①普通货物运价（General Cargo Rate）是指除等级货物运价和指定商品运价以外的适用于普通货物运输的运价。普通货物运价是适用最为广泛的一种运价。一般来说，普通货物运价根据货物重量不同，分为若干个重量登记分界点运价。

②指定商品运价（Specific Commodity Rate）是指自指定的始发地至指定的目的地间公布的低于相应普通货物运价的特定商品的运价。就其性质而言，该运价是一种优

惠性质的运价。鉴于此，指定商品运价在使用时，对于货物的起讫地点、运价使用期限、货物运价的最低重量起点等均有特定的条件。

③等级货物运价（Class Rate）是指在规定的业务区内或业务区之间运输特别指定的等级货物的运价。等级货物运价是在普通货物运价基础上附加或附减一定百分比的形式构成，附加或附减规则公布在 TACT RULES 中，运价的使用须结合 TACT RATES BOOKS 一同使用。IATA 规定，等级货物包括下列各种货物：活动物，贵重货物，书报杂志类货物，作为货物运输的行李，尸体、骨灰，汽车等。

④集装货物运价（Unitized Consignments）是指适用于货物装入集装器交运而不另加包装的特别运价。

2）非公布直达运价。如果货物运输的始发地至目的地没有公布直达运价，则可以采用比例运价和分段相加运价的方法构成全程直达运价，计算全程运费。

①比例运价是指采用运价手册中公布的一种不能单独使用的运价附加系数，当货物运输始发地至目的地无公布直达运价时，采用此附加系数与已知公布运价相加，构成非公布直达运价。

②分段相加运价是指对于相同的运价种类，当货物运输的始发地至目的地无公布直达运价和比例运价时，只能采用分段相加的方法，组成运输起止地点间的运价，一般采用最低组合运价。

3. 航空运价的使用顺序

如果有协议运价，则优先使用协议运价。没有双边协议运价时，使用 IATA 运价。

（1）优先使用公布直达运价。在相同运价种类、相同航程、相同承运人条件下，公布直达运价的使用顺序为：优先使用指定商品运价，但如果适用于普通货物运价的某一重量分界点的运价计算所得的运费低于按指定商品运价计算所得的运费时，则使用该普通货物运价。其次使用等级货物运价，但如果使用普通货物的某一重量分界点的运价计得的运费低于使用等级运价计得的运费时，则可按较低的普通货物运价计收。最后使用普通货物运价。

如果货物可以按指定商品运价计费，但如果因其重量没满足指定商品运价的最低重量要求，则采用指定商品运价与普通货物运价中较低者。如果该指定商品同时又属于附加的等级货物，则只允许采用附加的等级货物运价和指定商品运价中较低者，不能与普通货物运价比较。如果货物属于附减的等级货物，如书报杂志类，其等级货物计费则可以与普通货物运价相比，采用较低者。

（2）当实际运输两点间无公布直达运价时，定价的使用顺序为：优先使用比例运价组成最低直达运价。当两点间无比例运价时，只能通过挑选最合理的运价相加点，组成最低的分段相加的全程运价。

*** 小提示 ***

国际航空运输协会（以下简称国际航协）同国际民用航空组织不同，不是官方的组织，而是各国航空运输企业自愿联合组成的非政府性的国际组织，在世界航空运输中起着重要的作用。IATA 成立于 1945 年，总部设在加拿大蒙特利尔，执行总部设在瑞士日内瓦，同时在日内瓦设有清算所，为各会员公司统一进行财务结算。

国际航空运输协会标志

IATA 的宗旨是“为了世界人民的利益，促进安全、正常而经济的航空运输”“为直接或间接从事国际航空运输工作的各空运企业提供合作的途径”“与国际民航组织以及其他国际组织通力合作”。因此，IATA 的主要工作包括以下内容。

1. 运价协调工作

制定旅客票价和货物运费的运价规则，为各空运企业提供运价制定的基础。

2. 运输服务

制定一整套的标准和措施，以便在客票、货运单和其他有关运输凭证以及对旅客、行李和货物的管理方面建立统一的程序。

3. 代理人事务

制定代理标准协议，举行代理人培训。通过清算所，统一结算各会员间以及会员与非会员间联运业务账目，开发适用客、货销售的航空公司与代理人结算的“开账与结算系统”（BSP）和“货运账目结算系统”（CASS）。

4. 法律工作

为世界航空的平稳运作而设立文件和程序的标准，如合同等；在国际航空立法中，表达承运人的观点。

5. 技术规范工作

主要包括：航空电子和电信、工程环境、机场、简化手续及航空保安工作。

IATA 的会员分为正式会员和准会员。凡国际民航组织成员国的任一经营定期航班的空运企业，经其政府许可都可以成为该协会的成员。经营国际航班的航空运输企业为正式会员，只经营国内航班的航空运输企业为准会员。

目前，由国际航协出版一本通用的运价手册 TACT（The Air Cargo Tariff）。TACT 主要分为三个部分：TACT Rule（规则手册），TACT Rates–North America（北美运价手册），TACT Rates–Worldwide（世界，除北美运价手册）。

国际航协运价的作用在于：虽然航空公司大都是 IATA 的会员，但各公司出于竞争的考虑，很少有完全遵从国际航协运价体系的，大多都进行了一定的打折。然而，IATA 把世界上各个城市之间的运价通过 TACT 手册公布出来后，使得航空公司在制定自身的运价时都能找到一种参考标准。

4. 运价代号的含义

国际航协对每一种类的运价都规定了一个运价代号，具体见表 1-5。

表 1-5　运价代号

运价代号	英文全称	具体含义
M	Minimum Charge	最低运费
N	Normal Rate	45 kg 以下普通货物运价
Q	Quantity Rate	45 kg 以上普通货物运价
C	Specific Commodity Rate	指定商品运价
R	Class Rate Reduction	等级运价附减
S	Class Rate Surcharge	等级运价附加

这些运价分类代号在航空货运代理操作中，主要用于填制货运单运费计算栏“RATE CLASS”一栏。

“M”（Minimum Charge）表示最低运费，货物无论再轻体积再小，也要收取一个最低的费用。如果承运人收取的运费低于最低运费，就不能弥补运送成本。因此，货物按其适用的航空运价与计费重量计算所得的航空运费，应与货物最低运费比较，取高者。比如假设一个钱包 1 kg，从北京到成都按照 N 运价才 10 元 /kg，起码运费是 100 元，那么把这个钱包从北京运到成都则需要收取 100 元的运费。

“N”（Normal Rate）表示标准普通货物运价，指的是 45 kg 以下的普通货物运价（如果无 45 kg 以下运价时，N 表示 100 kg 以下普通货物运价）。

“Q”（Quantity Rate）表示以上，如“Q45”表示 45 kg 以上（包括 45 kg）普通货物的运价，以此类推，常见的还有“Q100”“Q300”“Q500”“Q1000”等不同重量登记分界点的运价，见表 1-6。

表 1-6　航空运价表

单位：元 /kg	+45	+100	+300	+500	+1000
PEK-CTU	26	22	21.5	20.5	19

“C”（Specific Commodity Rate）表示指定商品运价，对于一些批量大、季节性强、单位价值小的货物，航空公司可建立指定商品运价，运价优惠幅度不限，报民航总局批准后执行。

“R”（Class Rate Reduction）表示等级运价附减。适用的商品包括报纸、杂志、书籍等出版物，作为货物托运的行李等。

“S”（Class Rate Surcharge）表示等级运价附加。急件、生物制品、植物和植物制品、活动物、骨灰、灵柩、鲜活易腐物品、贵重物品、机械、弹药、押运货物等特种货物的国际航空运费按普通货物运价附加一定百分比计收。

5. 航空运费的概念

航空运费（Air Freight Charge）是指承运人将一票货物自始发地机场运至目的地机场所收取的航空运输费用。该费用根据每票货物所适用的运价和货物的计费重量计算而得。每票货物是指使用同一份航空货运单的货物。

航空运费 = 航空运价（Air Rate）× 计费重量（Chargeable Weight）

6. 普通货物航空运费的计算方法

普通货物航空运费的计算步骤为：计算货物体积→计算体积重量→计算货物毛重→确定计费重量→确定适用运价→求得航空运费。

实际操作中还需注意，得到了计费重量和运价并不一定能得到最终的运费，因为航空公司会比较价格表中较高临界点的运费，如果以价格表中较高临界点算出的运费更低，则航空公司会收取这个更低的运费。

7. 常见的航空附加费

（1）声明价值费

《华沙公约》中对由于承运人自身的疏忽或故意造成的货物的灭失、损坏或延迟规定了最高赔偿责任限额，这一金额一般被理解为每千克 20 美元或每磅 9.07 英镑或其他等值货币。如果货物的价值超过了上述值，即增加了承运人的责任，承运人要收取声明价值费。否则即使出现更多的损失，承运人对超出的部分也不承担赔偿责任。

货物的声明价值是针对整件货物而言，不允许对货物的某部分声明价值。声明价值费的收取依据货物的实际毛重，计算公式为：

声明价值费 =（货物价值 − 货物毛重 ×20 美元 /kg）× 声明价值费费率

声明价值费的费率通常为 0.5%。大多数的航空公司在规定声明价值费率的同时还要规定声明价值费的最低收费标准。如果根据上述公式计算出来的声明价值费低于航空公司的最低标准，则托运人要按照航空公司的最低标准缴纳声明价值费。

（2）安全附加费（Security Charge）

安全附加费在运单（AWB）上通常表示为 SCC，俗称“战险”。第三个字母 C 表示 Carrier，Carrier 是承运人的意思，SCC 意味着这是承运人（即航空公司）收取的安全附加费。

（3）燃油附加费（Fuel Surcharge）

燃油附加费是航运公司收取的反映燃料价格变化的附加费，不同的机场和目的地，燃油附加费价格不同。实际上，空运的燃油附加费和安全附加费一般合称为“燃油战险”。

8. 机场代码

机场代码分三字、四字两种，常见国内外机场代码见表 1-7 和表 1-8。

IATA 机场代码，由国际航空运输协会制定，全称国际航空运输协会机场代码，由 3 个英文（大写）字母组成，不允许有数字。它刊登在 IATA 机场代码目录中，是最常用的机场代码，多用于对公众的场合。国际航空运输协会对世界上的国家、城市、机场和加入国际航空运输协会的航空公司制定了统一的编码。

ICAO 机场代码是四字机场代码，全称国际民用航空组织机场代码（ICAO Code 或 International Civil Aviation Organization Airport Code）是国际民航组织为世界上所有机场所制定的识别代码，由 4 个英文字母组成。ICAO 机场代码较少在公众场合使用，主要用于空中交通管理部门之间传输航班动态，通常用于空中交通管理及飞行策划等。

表 1-7 常见国内机场代码

城市	机场名称	机场三字码	机场四字码
北京 Beijing	北京首都国际机场 Beijing Capital International Airport	PEK	ZBAA
上海 Shanghai	上海浦东国际机场 Shanghai Pudong International Airport	PVG	ZSPD
广州 Guangzhou	广州白云国际机场 Guangzhou Baiyun International Airport	CAN	ZGGG
上海 Shanghai	上海虹桥国际机场 Shanghai Hongqiao International Airport	SHA	ZSSS
澳门 Macau	澳门国际机场 Macau International Airport	MFM	VMMC
北京 Beijing	北京大兴国际机场 Beijing Daxing International Airport	PKX	ZBAD
深圳 Shenzhen	深圳宝安国际机场 Shenzhen Bao’an International Airport	SZX	ZGSZ
长沙 Changsha	长沙黄花国际机场 Changsha Huanghua International Airport	CSX	ZGHA

续表

城市	机场名称	机场三字码	机场四字码
香港 Hong Kong	香港国际机场 Hong Kong International Airport	HKG	VHHH
杭州 Hangzhou	杭州萧山国际机场 Hangzhou International Airport	HGH	ZSHC
昆明 Kunming	昆明长水国际机场 Kunming Changshui International Airport	KMG	ZPPP
重庆 Chongqing	重庆江北国际机场 Chongqing Jiangbei International Airport	CKG	ZUCK
成都 Chengdu	成都双流国际机场 Chengdu Shuangliu International Airport	CTU	ZUUU
南京 Nanjing	南京禄口国际机场 Nanjing Lukou International Airport	NKG	ZSNJ
合肥 Hefei	合肥新桥国际机场 Hefei Xinqiao International Airport	HFE	ZSOF
西安 Xi'an	西安咸阳国际机场 Xi'an Xianyang International Airport	XIY	ZLXY
长春 Changchun	长春龙嘉国际机场 Changchun Longjia International Airport	CGQ	ZYCC
郑州 Zhengzhou	郑州新郑国际机场 Zhengzhou Xinzheng International Airport	CGO	ZHCC
济南 Jinan	济南遥墙国际机场 Jinan Yaoqiang International Airport	TNA	ZSJN
南昌 Nanchang	南昌昌北国际机场 Nanchang Changbei International Airport	KHN	ZSCN
哈尔滨 Harbin	哈尔滨太平国际机场 Harbin Taiping International Airport	HRB	ZYHB
贵阳 Guiyang	贵阳龙洞堡国际机场 Guiyang Longdongbao International Airport	KWE	ZUGY
南宁 Nanning	南宁吴圩国际机场 Nanning Wuxu International Airport	NNG	ZGNN
海口 Haikou	海口美兰国际机场 Haikou Meilan International Airport	HAK	ZJHK
武汉 Wuhan	武汉天河国际机场 Wuhan Tianhe International Airport	WUH	ZHHH

续表

城市	机场名称	机场三字码	机场四字码
沈阳 Shenyang	沈阳桃仙国际机场 Shenyang Taoxian International Airport	SHE	ZYTX
厦门 Xiamen	厦门高崎国际机场 Xiamen Gaoqi International Airport	XMN	ZSAM
宁波 Ningbo	宁波栎社国际机场 Ningbo Lishe International Airport	NGB	ZSNB
三亚 Sanya	三亚凤凰国际机场 Sanya Phoenix International Airport	SYX	ZJSY
福州 Fuzhou	福州长乐国际机场 Fuzhou Changle International Airport	FOC	ZSFZ
乌鲁木齐 Urumqi	乌鲁木齐地窝堡国际机场 Urumqi Diwopu International Airport	URC	ZWWW
兰州 Lanzhou	兰州中川国际机场 Lanzhou Zhongchuan Airport	LHW	ZLAN
拉萨 Lhasa	拉萨贡嘎国际机场 Lhasa Gongga Airport	LXA	ZULS
银川 Yinchuan	银川河东国际机场 Yinchuan Hedong International Airport	INC	ZLIC
大连 Dalian	大连周水子国际机场 Dalian Zhoushuizi International Airport	DLC	ZYTL
台北 Taipei	台湾桃园国际机场 Taiwan Taoyuan International Airport	TPE	RCTP
天津 Tianjin	天津滨海国际机场 Tianjin Binhai International Airport	TSN	ZBTJ
呼和浩特 Hohhot	呼和浩特白塔国际机场 Hohhot Baita International Airport	HET	ZBHH
石家庄 Shijiazhuang	石家庄正定国际机场 Shijiazhuang Zhengding International Airport	SJW	ZBSJ
青岛 Qingdao	青岛流亭国际机场 Qingdao Liuting International Airport	TAO	ZSQD
高雄 Kaohsiung	高雄国际机场 Kaohsiung International Airport	KHH	RCKH
太原 Taiyuan	太原武宿国际机场 Taiyuan Wusu International Airport	TYN	ZBYN

表 1-8 常见国外机场代码

城市	机场名称	机场三字码	机场四字码
阿联酋 迪拜 Dubai	迪拜国际机场 Dubai International Airport	DXB	OMDB
英国 伦敦 London	希思罗机场 Heathrow Airport	LHR	EGLL
法国 巴黎 Paris	巴黎夏尔·戴高乐机场 Paris Charles de Gaulle Airport	CDG	LFPG
荷兰 阿姆斯特丹 Amsterdam	阿姆斯特丹史基浦机场 Amsterdam Schiphol Airport	AMS	EHAM
新加坡 新加坡 Singapore	新加坡樟宜机场 Singapore Changi Airport	SIN	WSSS
德国 法兰克福 Frankfurt	法兰克福机场 Frankfurt Airport	FRA	EDDF
韩国 首尔 Seoul	仁川国际机场 Incheon International Airport	ICN	RKSI
泰国 曼谷 Bangkok	曼谷素万那普机场 Suvarnabhumi Airport	BKK	VTBS
土耳其 伊斯坦布尔 Istanbul	阿塔图尔克国际机场 Atatürk International Airport	IST	LTBA
英国 伦敦 London	盖特威克机场 Gatwick Airport	LGW	EGKK
马来西亚 吉隆坡 Kuala Lumpur	吉隆坡国际机场 Kuala Lumpur International Airport	KUL	WMKK
西班牙 马德里 Madrid	马德里巴拉哈斯国际机场 Madrid Barajas International Airport	MAD	LEMD
德国 慕尼黑 Munich	慕尼黑机场 Munich Airport	MUC	EDDM
卡塔尔 多哈 Doha	多哈哈马德国际机场 Doha Hamad International Airport	DOH	OTBD
日本 东京 Tokyo	成田国际机场 Narita International Airport	NRT	RJAA
美国 纽约 New York	纽约约翰·菲茨杰拉德·肯尼迪国际机场 John F Kennedy International Airport	JFK	KJFK

续表

城市	机场名称	机场三字码	机场四字码
西班牙 巴塞罗那 Barcelona	巴塞罗那机场 Barcelona Airport	BCN	LEBL
意大利 罗马 Rome	罗马菲乌米奇诺机场 Leonardo Da Vinci (Fiumicino) Airport	FCO	LIRF
瑞士 苏黎世 Zurich	苏黎世机场 Zurich Airport	ZRH	LSZH
加拿大 多伦多 Toronto	多伦多皮尔逊国际机场 Toronto Pearson International Airport	YYZ	CYYZ
爱尔兰 都柏林 Dublin	都柏林机场 Dublin Airport	DUB	EIDW
丹麦 哥本哈根 Copenhagen	哥本哈根凯斯楚普机场 Copenhagen Kastrup Airport	CPH	EKCH
比利时 布鲁塞尔 Brussels	布鲁塞尔机场 Brussels Airport	BRU	EBBR
阿联酋 阿布扎比 Abu Dhabi	阿布扎比国际机场 Abu Dhabi International Airport	AUH	OMAA
奥地利 维也纳 Vienna	维也纳国际机场 Vienna International Airport	VIE	LOWW
美国 迈阿密 Miami	迈阿密国际机场 Miami International Airport	MIA	KMIA
土耳其 安塔利亚 Antalya	安塔利亚机场 Antalya International Airport	AYT	LTAI

9. 航空公司代码

国际航空运输协会为全球各航空公司指定了 2 个字母的 IATA 航空公司代码。2 字母的航空公司代码表用于预约、时刻表、票务、征税、航空提单、公开发布的日程表和航空公司间的无线通信，同时也用于航线申请。3 位代码是国际民航组织为全球各航空公司指定的 3 个字母的代码，3 位代码则是航空公司内部工作人员和空管使用的代码。国内航空公司代码和国外航空公司代码见表 1–9 和表 1–10。

表 1-9　　国内航空公司代码

中文名称	英文名称	2 位代码	3 位代码	运单 3 位代码
中国国际航空公司	Air China	CA	CCA	999
中国南方航空公司	China Southern Airlines	CZ	CSN	784
东方航空公司	China Eastern Airlines	MU	CES	781
厦门航空公司	Xiamen Airlines	MF	CXA	731
山东航空公司	Shandong Airlines	SC	CDG	324
上海航空公司	Shanghai Airlines	FM	CSF	774
深圳航空公司	Shenzhen Airlines	ZH	CSJ	479
四川航空公司	Sichuan Airlines	3U	CSC	876
海南航空公司	Hainan Airlines	HU	CHH	880
国泰港龙航空公司	Cathay Dragon Airways	KA	HDA	43
中国联合航空公司	China United Airlines	KN	CUA	822

表 1-10　　国外航空公司代码

中文名称	英文名称	2 位代码	3 位代码	运单 3 位代码
大韩航空公司	Korean Air	KE	AKA	180
韩亚航空公司	Asiana Airways	OZ	AAR	988
日本航空公司	Japan Airlines	JL	JAL	131
全日空航空公司	All Nippon Airways	NH	ANA	205
新加坡航空公司	Singapore Airlines	SQ	SIA	607
泰国国际航空公司	Thai Airways International	TG	THA	217
美国西北航空公司	Northwest Airlines	NW	NWA	12
加拿大国际航空公司	Canadian Airlines International	AC		14
美国联合航空公司	United Airlines	UA	UAL	16
英国航空公司	British Airways	BA	BAW	125
德国汉莎航空公司	Lufthansa German Airlines	LH	DLH	20
法国航空公司	Air France	AF	AFR	57
瑞士航空公司	Swissair	LX	SWR	724
奥地利航空公司	Austrian Airlines	OS	AUA	257
俄罗斯国际航空公司	Aeroflot Russian International	SU	AFL	555
澳洲航空公司	Qantas Airways	QF	QFA	81
芬兰航空公司	Finnair Airlines	AY	FIN	105
意大利航空公司	Italia Airlines	AZ	AZA	55

续表

中文名称	英文名称	2位代码	3位代码	运单3位代码
斯堪的纳维亚（北欧）航空公司	Scandinavian Airlines	SK	SAS	117
印度尼西亚鹰航空公司	Garuda Indonesia Airlines	GA	GIA	126
马来西亚航空公司	Malaysian Airlines	MH	MAS	232
乌兹别克斯坦航空公司	Uzbekistan Airways	HY	UZB	250
伏尔加第聂伯航空公司	Volga–Dnepr Airlines	VI	VDA	412
蒙古航空公司	MIAT Mongolian Airlines	OM	MGL	289
巴基斯坦国际航空公司	Pakistan International Airlines	PK	PIA	214
菲律宾航空公司	Philippine Airlines	PR	PAL	97
伊朗航空公司	Iran Air	IR	IRA	96
以色列航空公司	Ei Ai Israel Airlines	LY	ELY	114
越南航空公司	Vientnam Airlines	VN	HVN	738
阿拉伯联合酋长国航空公司（阿联酋航空）	Emirates Airline	EK	UA	176

10. 国际航空运输协会运价协调区

为了制定国际空运中运价的计算规则，国际航空运输协会把全球划分为三个大的区域，各大区下面又细分为多个小区域（次区）。这样划分出的区域称为国际航空运输协会运价协调区（IATA Traffic Conference Areas），简称IATA区域。

（1）一区（TC1）

一区包括北美、中美、南美、格陵兰、百慕大和夏威夷群岛。

（2）二区（TC2）

二区由整个欧洲大陆，包括俄罗斯的欧洲部分及毗邻岛屿、冰岛、亚速尔群岛、非洲大陆及毗邻岛屿、亚洲的伊朗及伊朗以西的地区组成。本区也是政治、地理区划差异最多的一个区，它主要有三个亚区。

非洲区——含非洲大多数国家及地区，摩洛哥、阿尔及利亚、突尼斯、埃及和苏丹不包括在内。

欧洲区——包括欧洲国家和摩洛哥、阿尔及利亚、突尼斯三个非洲国家和土耳其（既包括欧洲部分，也包括亚洲部分），俄罗斯仅包括其欧洲部分。

中东区——包括巴林、塞浦路斯、埃及、伊朗、伊拉克、以色列、约旦、科威特、黎巴嫩、阿曼、卡塔尔、沙特阿拉伯、苏丹、叙利亚、阿拉伯联合酋长国、也门等。

（3）三区（TC3）

三区由整个亚洲大陆及毗邻岛屿（已包括在二区的部分除外）、澳大利亚、新西兰及毗邻岛屿、太平洋岛屿（已包括在一区的部分除外）组成。

南亚次大陆区——包括阿富汗、印度、巴基斯坦、斯里兰卡等南亚国家。

东南亚区——包括中国、东南亚诸国、蒙古国、俄罗斯亚洲部分及土库曼斯坦等独联体国家、密克罗尼西亚等群岛地区。

西南太平洋洲区——包括澳大利亚、新西兰、所罗门群岛等。

日本、韩国、朝鲜区——仅含日本、韩国、朝鲜。

（二）实施过程

根据三家航空公司的运价表，Carl 分别结算三家航空公司的报价。启运地机场为郑州 CGO，目的地机场为阿姆斯特丹 AMS。

1. 中国国际航空股份有限公司（CA）

中国国际航空股份有限公司（CA）运价见表 1-11。

表 1-11　中国国际航空股份有限公司（CA）运价表

航线	机型	启运港	目的港	转运运价（元 /kg）	
				45	100
欧洲	货机	郑州 CGO	阿姆斯特丹 AMS	14.6	13.4
		郑州 CGO	法兰克福 FRA	14.6	13.4
	客机	郑州 CGO	巴黎 CDG	14.6	13.4
		郑州 CGO	莫斯科 SVO	20.6	19.4
		郑州 CGO	马德里 MAD	19.4	18.2
		郑州 CGO	布拉格 PRG	14.6	13.4
北美	客货机	郑州 CGO	洛杉矶 LAX	17.0	15.8
		郑州 CGO	芝加哥 ORD	17.0	15.8
	货机	郑州 CGO	亚特兰大 ATL	20.6	19.4
	客机	郑州 CGO	温哥华 YVR	19.4	19.4
		郑州 CGO	纽约 JFK	17.0	15.8
		郑州 CGO	夏威夷 HNL	25.4	24.2
		郑州 CGO	旧金山 SFO	14.6	13.4

1. 以上价格已含燃油、战险。
2. 报关费 200 元 / 票，制单费 50 元 / 票。

货物计费重量为 594.0 kg，通过中国国际航空股份有限公司（CA）运价表的查询，适用的运价为郑州 CGO- 阿姆斯特丹 AMS Q100 运价，运价为 13.4 元 /kg，货代利润 0.5 元 /kg，则向客户报价为 13.9 元 /kg，此外，制单费 50 元 / 票。因此报价为：

594.0 ×（13.4+0.5）+50=8 306.6（元）

2. 大韩航空公司（KE）

大韩航空公司（KE）运价见表 1-12。

表 1-12　　大韩航空公司（KE）运价表

Origin	Dest	CURR	WEIGHT					
			M	N	+45K	+100K	+300K	+500K
CGO	ATL	CNY	399	59.8	20.8	17.6	16.8	16.0
CGO	CHI	CNY	399	61.1	18.4	15.2	14.4	13.6
CGO	DFW	CNY	399	59.1	20.0	17.6	16.8	16.0
CGO	GDL	CNY	399	46.2	24.0	21.6	20.8	20.0
CGO	HNL	CNY	399	44.7	12.8	10.4	9.6	8.8
CGO	LAS	CNY	399	45.0	14.4	12.0	11.2	10.4
CGO	LAX	CNY	399	47.4	16.8	14.4	13.6	12.8
CGO	MFE	CNY	399	58.2	20.0	17.6	16.8	16.0
CGO	MIA	CNY	399	59.8	20.0	17.6	16.8	16.0
CGO	NYC	CNY	399	51.1	18.4	16.0	15.2	14.4
CGO	SEA	CNY	399	47.4	20.0	17.6	16.8	16.0
CGO	SFO	CNY	399	47.4	17.6	15.2	14.4	13.6
CGO	WAS	CNY	399	53.0	18.4	16.0	15.2	14.4
CGO	YTO	CNY	399	49.0	20.0	17.6	16.8	16.0
CGO	YVR	CNY	399	47.4	19.2	16.8	16.0	15.2
CGO	SCL	CNY	399	82.2	36.0	33.6	32.8	32.0
CGO	LIM	CNY	399	77.7	36.0	33.6	32.8	32.0
CGO	MEX	CNY	399	47.4	24.8	22.4	21.6	20.8
CGO	MTY	CNY	399	44.9	24.8	22.4	21.6	20.8
CGO	SJU	CNY	399	63.1	34.4	32.0	31.2	30.4
CGO	SAO	CNY	399	92.4	36.0	33.6	32.8	32.0
CGO	AMS	CNY	304	38.2	15.2	12.8	12.0	11.2
CGO	BCN	CNY	304	45.8	14.4	12.0	11.2	10.4
CGO	FRA	CNY	304	34.6	14.4	12.0	11.2	10.4

续表

Origin	Dest	CURR	WEIGHT					
			M	N	+45K	+100K	+300K	+500K
CGO	LON	CNY	304	48.0	15.2	12.8	12.0	11.2

1. 以上价格均为成本运价，不含燃油、安全费。
2. 一区燃油 8 元 /kg，二区燃油 5.5 元 /kg，三区燃油 2.5 元 /kg；安全 1.2 元 /kg（40 min）。

货物计费重量为 594.0 kg，通过大韩航空公司（KE）运价表的查询，适用的运价为郑州 CGO– 阿姆斯特丹 AMS Q500 运价，运价为 11.2 元 /kg，货代利润 0.5 元 /kg，则向客户报价为 11.7 元 /kg。由于目的地阿姆斯特丹位于 TC2 航区，因此燃油附加费为 5.5 元 /kg，此外，安全附加费为 1.2 元 /kg，最低 40 元 / 票。因此报价为：

航空运费：594.0 × （11.2+0.5）=6 949.8（元）

燃油附加费：594.0 × 5.5=3 267.0（元）

安全附加费：594.0 × 1.2=712.8（元）

总报价：6 949.8+3 267.0+712.8=10 929.6（元）

3. 德国汉莎航空股份公司（LH）

德国汉莎航空股份公司（LH）运价见表 1–13。

表 1–13　德国汉莎航空股份公司（LH）运价表　单位：元

CGO	45 kg	100 kg	300 kg	600 kg	1 000 kg
DME/MXP	23.4	21.2	14.0	11.3	10.4
LAX/SFO	23.4	18.5	14.0	11.3	11.3
NYC/CHI	23.4	20.3	14.9	12.2	12.2
DFW/ATL	23.4	20.3	14.9	12.2	12.2
AMS	23.4	14.9	14.9	13.7	12.5
ICN	9.9	7.7	5.9	2.3	4.1
JAPAN	5.4	2.3	2.3	1.8	1.4
HAN	9.9	7.7	5.9	5.0	4.1
SGN	14.4	11.3	8.6	7.7	6.8
IST	14.4	11.3	9.5	9.5	9.5
SYD/DEL	23.4	21.2	16.7	14.9	14.0
ALA/TAS	23.4	18.5	15.8	12.2	0.0

1. 以上价格均为净运价，不含燃油、安全费。
2. 一区燃油 7.3 元 /kg，二区燃油 5.5 元 /kg，三区燃油 2.5 元 /kg；安全 1.2 元 /kg。

货物计费重量为 594.0 kgs，通过德国汉莎航空股份公司（LH）的查询，适用的运价为郑州 CGO– 阿姆斯特丹 AMS 3 500 运价，运价为 14.9 元 /kg，货代利润 0.5 元 /kg，则向客户报价为 15.4 元 /kg。由于目的地阿姆斯特丹位于 TC2 航区，因此燃油附加费为 5.5 元 /kg，此外，安全附加费为 1.2 元 /kg，因此报价为：

航空运费：594.0 ×（14.9+0.5）=9 147.6（元）

燃油附加费：594.0 × 5.5=3 267.0（元）

安全附加费：594.0 × 1.2=712.8（元）

总报价：9 147.6+3 267.0+712.8=13 127.6（元）

由于货物计费重量 594.0 kg 接近重量临界点 600 kg，因此需要对比临界点报价与实际重量报价。Q600 运价为 13.7 元 /kg，货代利润 0.5 元 /kg，则向客户报价为 14.2 元 /kg。此外，燃油附加费为 5.5 元 /kg，安全附加费为 1.2 元 /kg，因此报价为：

航空运费：600.0 ×（13.7+0.5）=8 520.0（元）

燃油附加费：600.0 × 5.5=3 300.0（元）

安全附加费：600.0 × 1.2=720.0（元）

总报价：8 520.0+3 300.0+720.0=12 540.0（元）

综合以上计算，如选择德国汉莎航空股份公司（LH），则向客户报价为 12 540.0 元。

4. 总结报价信息

基于以上计算，Carl 将三家公司报价整理到表 1–14 中，并提交李经理检查。

表 1–14　航空运费报价对比

航空公司	报价（元）	时效（天）	班次
CA	8 306.6	2	周一 / 周三 / 周五
KE	10 929.6	1	Daily
LH	12 540.0	1	Daily

三、发送运价信息

（一）任务资讯

通常情况下，货代业务员是以邮件的形式，将报价发送给客户。一般每家货代公司内部都有自己单独的报价表用于正式报价，对于初次报价或者非正式报价可以使用邮件的形式回复潜在客户。每次报价必须要注意以下几个关键因素。

（1）货运信息要齐备。包括始发机场和目的地机场、货物品名、货物件数、货物毛重、货物体积（单件尺寸）。

（2）价格信息要明确。包括货币币种、重量单位（kg 或 lb）、价格表现形式（一个总价还是燃油附加费和安全附加费分开收取）。

（3）航空公司信息及时效。不同的运价针对不同的服务水平。直达航班的运输时间短但是费用高，中转航班的运输时效长但运价低。一般报价会推荐两种时效的航班以供选择，报价时具体的航空公司信息可以模糊。

（4）运价的有效期。航空运价一般波动较大，特别是国际航班，受国际油价影响较大，所以航空运价的有效期货代公司一般会以 7 天为一个单位，超过 7 天报价表自动作废，在运输旺季报价表的有效期还会缩短。

（5）特种货物运价。普通运价协议的价格只针对普通货物，如果客户的货物是特种货物，比如危险品（含锂电池）、超大超宽货物，就需要单独向航空公司询问，确定特种货物的特性之后，由航空公司单独给出运价，再做报价。有的特种货物运输前，货主还必须对货物进行专业的检测，在取得合格的测试报告后，经过航空公司确认审核后，才能进行收货运输。

（二）实施过程

李经理检查计算无误后，Carl 着手编写报价邮件。

亲爱的 Warren：

您好，根据您的货运信息，我向您推荐我司最优质的航空运价。

商品：自动节水水龙头。

件数：60 箱。

毛重：450 kgs。

体积：44 cm × 30 cm × 45 cm/ 3.564 cbm。

启运地机场：CGO。

目的地机场：AMS。

航空运费：CA，8 306.6 元，2 天（已包含附加费），班期：周一 / 周三 / 周五；
KE，10 929.6 元，1 天（已包含附加费），班期：周一到周日；
LH，12 540.0，1 天（已包含附加费），班期：周一到周日。

此票费用不包含地面费用，有效期 7 天。如需上门提货，另请通知！

祝好！

Carl

*** 小提示 ***

邮件发送成功并不等于客户就一定能进行合作，往往一票新订单的获得是漫长的，在客户经过几轮的报价之后才有可能伸出“橄榄枝”，所以在报价之后一定要沉住气，继续跟进客户，如果客户很长时间没有回复，可以再尝试打电话过去询问情况。如果客户接受了公司的报价，就会下单要求公司准备为其订舱。

知识考核

一、单选题

1. 按照国际航空运价使用规定，应优先使用（　　）运价。

A. 分段相加运价　　B. 协议运价

C. 公布直达运价　　D. 比例运价

2. 航空运价的 M 表示（　　）。

A. 直达运价　　B. 一般运价

C. 货物等级运价　　D. 最低运价

3. 计费重量的计算方法是（　　）。

A. 称量货物的毛重

B. 测量货物的体积

C. 比较货物的体积重量，和毛重比较取较大者

D. 比较货物的体积重量，和毛重比较取较小者

4. 货物体积重量的计算方法是（　　）。

A. 测量出货物体积，以立方米为单位，按照 1∶1 折算成千克数

B. 测量出货物体积，以立方厘米为单位，按照 6 000∶1 折算成千克数

C. 测量出货物体积，以立方米为单位，按照 6 000∶1 折算成千克数

D. 测量出货物体积，以立方米为单位，按照 5 000∶1 折算成千克数

二、多选题

1. 国际航空运价的组成有（　　）。

A. 基本运费　　B. 燃油附加费

C. 安全附加费（战险附加费）　　D. 旺季附加费

2. 航空货物的货运信息包括（　　）。

A. 始发机场和目的地机场　　B. 货物品名

C. 货物件数　　D. 货物毛重

E. 货物体积

三、判断题

1. 一票货物的航空运费只能通过计费重量计算得出。（　　）
2. 航空货物的计费重量最小是以 0.5 kg 为一个单位。（　　）
3. 给客户发送的报价可以针对其不同的货物使用。（　　）
4. 货物的重量越大，航空运价一般越低。（　　）

技能训练

Carl 收到河南 ××× 电器股份有限公司赵 ×× 部长发送的询价邮件，通过邮件，Carl 得知：货物是阀门，一共 10 箱，每箱尺寸是 46 cm × 52 cm × 35 cm，货物总毛重是 175 kg，启运地机场 CGO（郑州新郑国际机场），目的地机场 YVR（温哥华国际机场）。根据李经理提供的报价表，Carl 查询到中国国际航空股份有限公司（CA）、大韩航空公司（KE）可以提供 CGO–YVR 的航空运输，同时，李经理要求为客户提供报价时，需增加 1.0 元 /kg 作为货代利润。请分别计算两家航空公司的航空运费（运价分别见表 1–15 和表 1–16），并编制报价邮件。

表 1–15　　中国国际航空股份有限公司（CA）运价表

航线	机型	启运港	目的港	时效（天）	班次	转运运价（元 /kg）	
						45	100
欧洲	货机	郑州 CGO	阿姆斯特丹 AMS	2	1/3/5	14.6	13.4
		郑州 CGO	法兰克福 FRA	2	1/3/5	14.6	13.4
	客机	郑州 CGO	巴黎 CDG	2	1/2/4/5	14.6	13.4
		郑州 CGO	莫斯科 SVO	1	2/3/4/5	20.6	19.4
		郑州 CGO	马德里 MAD	1	1/3	19.4	18.2
		郑州 CGO	布拉格 PRG	2	2/5	14.6	13.4
北美	客货机	郑州 CGO	洛杉矶 LAX	2	3/4/7	17.0	15.8
		郑州 CGO	芝加哥 ORD	2	1/2/4	17.0	15.8
	货机	郑州 CGO	亚特兰大 ATL	2	1/3/6	20.6	19.4
	客机	郑州 CGO	温哥华 YVR	2	1/3/5	19.4	19.4
		郑州 CGO	纽约 JFK	2	3/4/5	17.0	15.8
		郑州 CGO	夏威夷 HNL	2	1/3/4	25.4	24.2
		郑州 CGO	旧金山 SFO	2	2/4	14.6	13.4

1. 以上价格已含燃油、战险。
2. 报关费 200 元 / 票，制单费 50 元 / 票。

表 1-16　　大韩航空公司（KE）运价表

Origin	Dest	T/T	CURR	WEIGHT					
				M	N	+45K	+100K	+300K	+500K
CGO	ATL	2	CNY	399	59.8	20.8	17.6	16.8	16.0
CGO	CHI	1	CNY	399	61.1	18.4	15.2	14.4	13.6
CGO	DFW	2	CNY	399	59.1	20.0	17.6	16.8	16.0
CGO	GDL	1	CNY	399	46.2	24.0	21.6	20.8	20.0
CGO	HNL	1	CNY	399	44.7	12.8	10.4	9.6	8.8
CGO	LAS	2	CNY	399	45.0	14.4	12.0	11.2	10.4
CGO	LAX	2	CNY	399	47.4	16.8	14.4	13.6	12.8
CGO	MFE	1	CNY	399	58.2	20.0	17.6	16.8	16.0
CGO	MIA	1	CNY	399	59.8	20.0	17.6	16.8	16.0
CGO	NYC	1	CNY	399	51.1	18.4	16.0	15.2	14.4
CGO	SEA	2	CNY	399	47.4	20.0	17.6	16.8	16.0
CGO	SFO	1	CNY	399	47.4	17.6	15.2	14.4	13.6
CGO	WAS	2	CNY	399	53.0	18.4	16.0	15.2	14.4
CGO	YTO	2	CNY	399	49.0	20.0	17.6	16.8	16.0
CGO	YVR	2	CNY	399	47.4	19.2	16.8	16.0	15.2
CGO	SCL	2	CNY	399	82.2	36.0	33.6	32.8	32.0
CGO	LIM	1	CNY	399	77.7	36.0	33.6	32.8	32.0
CGO	MEX	1	CNY	399	47.4	24.8	22.4	21.6	20.8
CGO	MTY	1	CNY	399	44.9	24.8	22.4	21.6	20.8
CGO	SJU	2	CNY	399	63.1	34.4	32.0	31.2	30.4
CGO	SAO	2	CNY	399	92.4	36.0	33.6	32.8	32.0
CGO	AMS	1	CNY	304	38.2	15.2	12.8	12.0	11.2
CGO	BCN	2	CNY	304	45.8	14.4	12.0	11.2	10.4
CGO	FRA	1	CNY	304	34.6	14.4	12.0	11.2	10.4
CGO	LON	1	CNY	304	48.0	15.2	12.8	12.0	11.2

1. 以上价格均为成本运价，不含燃油、安全费。
2. 一区燃油 8 元 /kg；二区燃油 5.5 元 /kg；三区燃油 2.5 元 /kg；安全 1.2 元 /kg（40 min）。
3. 班次：Daily。

培训任务二

订单受理

学习单元 1

订单受理

任务目标

- 能按照工作的操作规范，完成客户接待。
- 能根据客户托运要求，发送与接收国际货物托运书，保证托运书上各项信息填写的完整性及准确性。
- 能规范使用恰当沟通方式进行客户信息核对。
- 能完成信息系统录入，生成订单。

聚焦情境

×××国际货运代理公司航空货运部 Carl 根据潜在客户郑州××贸易有限公司 Warren 提供的货物信息，结合各航空公司的报价表，向 Warren 发送了报价邮件。

> 亲爱的 Warren：
>
> 您好，根据您的货运信息，我向您推荐我司最优质的航空运价。
>
> 商品：自动节水水龙头。
>
> 件数：60 箱。
>
> 毛重：450 kgs。
>
> 体积：44 cm × 30 cm × 45 cm/ 3.564 cbm。

> 启运地机场：CGO。
> 目的地机场：AMS。
> 航空运费：CA，8 306.6 元，2 天（已包含附加费），班期：周一 / 周三 / 周五；
> KE，10 929.6 元，1 天（已包含附加费），班期：周一到周日；
> LH，12 540.0 元，1 天（已包含附加费），班期：周一到周日。
> 此票费用不包含地面费用，有效期 7 天。如需上门提货，另请通知！
>
> 祝好！
>
> Carl

Warren 综合考虑了时效与成本因素，最终决定将货物委托 ××× 国际货运代理公司，并选择国航承运这批货物。委托运输邮件如下。

> 亲爱的 Carl：
> 您好，感谢您的报价，我司决定通过国航运输此票货物，请协助安排预订 6 月 12 日的国航航班。谢谢！
>
> 祝好！
>
> Warren

任务发布

××× 国际货运代理公司航空货运部 Carl 收到郑州 ×× 贸易有限公司 Warren 发送的邮件之后，将空白国际货物托运书发送给 Warren，Warren 按照 Carl 提供的空白国际货物托运书，将货物信息填写完整后发给 Carl。Carl 需对 Warren 填写的国际货物托运书（见表 2-1）进行审核，并针对填写问题与 Warren 进行沟通修改，确保国际货物托运书信息准确无误。

表 2-1　　　　郑州 ×× 贸易有限公司国际货物托运书

<table>
<tr><td colspan="2">Shipper/ 发货人：
Zhengzhou ×× Trade Co., Ltd
No. ××, Jinshui East Road, Zhengdong New District, Zhengzhou, Henan, China
Tel: 86-0371-××××××××</td><td colspan="3">××× 国际货运代理有限公司
郑州市金水区农业路东 16 号省汇中心 A 座 × 层 ×××× 室
Tel: +86-371-×××××××
Fax: +86-371-×××××××</td></tr>
<tr><td colspan="2">Consignee/ 收货人：
Dutch Nurens Machinery BV
Jacob Obrechtstraat ××-H, ××××KE Amsterdam, Netherlands
Tel: 3120××××××</td><td colspan="3" rowspan="2">If the carriage involves an ultimate destination or stop in a country other than the country of departure, the Warsaw Convention may be applicable and the Convention governs and in most cases limits the liability of carriers in respect of loss of damage to cargo. Agreed stopping places are those places (other than the places of departure and destination) shown in carriers timetables as scheduled stopping places for the route. See conditions on the front hereof. The Shipper certifies that the particulars on the face hereof are correct and agrees to the Company's Standard Trading Conditions.</td></tr>
<tr><td colspan="2">Notify Party/ 通知人：
SAME AS CONSIGNEE</td></tr>
<tr><td>MAWB No./ 主单号：</td><td>HAWB No./ 分单号：</td><td rowspan="2">Airfreight Charges:
空运费</td><td rowspan="2">☑ To be prepaid
预付</td><td rowspan="2">☐ To be collected
到付</td></tr>
<tr><td>Airline/ 航班：</td><td>Departure Airport / Place/ 启运地：
ZHENGZHOU, CHINA</td></tr>
<tr><td colspan="2">Destination Airport / Place/ 目的地：
AMSTERDAM, NETHERLANDS</td><td>Other Charges:
其他杂费</td><td>☑ To be prepaid
预付</td><td>☐ To be collected
到付</td></tr>
</table>

Marks Nos/ 外箱唛头	No. and Kind of Packages/ 包装种类与件数	Description of Goods/ 货物描述，品名	Gross Weight / 毛重	Measurement/ 尺寸 /cbm
		Automatic Saving Water Tap	450.0 KGS	3.564 CBM

Handing Information/ 操作信息以及特殊注意事项：

Declared Value for Carriage/ 运输声明价值	Declared Value for Customs/ 海关声明价值	Insurance Amount/ 保险金额

Documents to accompany airway bill or house airway bill/ 随货文件：（如有文件请务必注明）

Packing List ☑ 装箱单	Commercial Invoice ☑ 商业发票	Certificate of Origin ☐ 原产地证	Consular Invoice ☐ 加签发票	Others ☐ 其他文件

托运人须知：

1. 请认真填写订舱委托书上各项内容并签字盖章后回传我司，以免导致订舱错误或航班延误；我司将以委托书上确认信息为准，向航空公司订舱。
2. 我司不承接任何易燃、易爆、粉末、液体、侵权及含有任何违法内容的货物。
3. 空运货物在运输过程中可能会出现破损、淋雨、丢失等情况，客户可以通过购买保险来降低风险损失。
4. 如有重要文件，请自行寄给收货人；航空公司没有义务确保随机文件不会丢失或者延误。
5. 目的港弃货或无法清关、退运等会产生额外费用；如有任何特殊情况发生，我司会积极配合托运人处理，但是不保证可以改变结果；非我司原因产生的责任及费用，结果由托运人承担；因托运人违反托运禁令或瞒报谎报货物，导致我司遭受损失或承担责任的，本公司有权向托运人追讨一切损失。

Signature and Stamp of the Shipper/ 发货人签名
Zhengzhou ×× Trade Co., Ltd
Date/ 日期　06/09/2020 (Month / Day / Year)

任务分析

任务分析如图 2–1 所示。

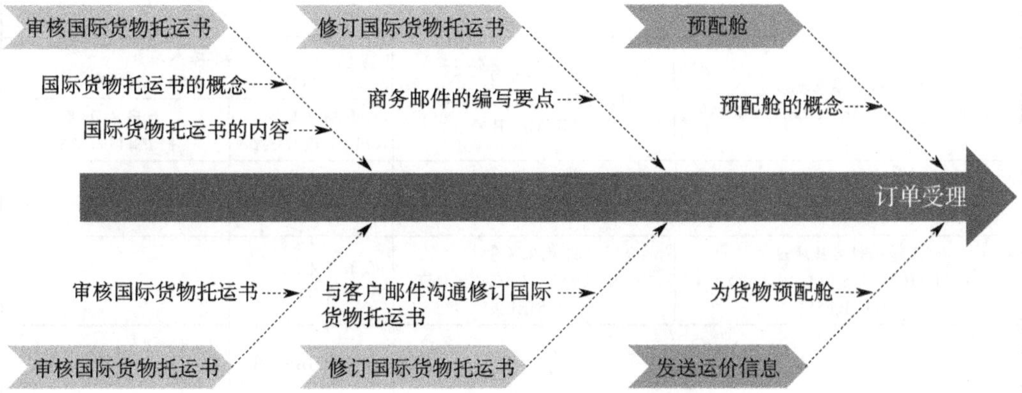

图 2–1 任务分析鱼骨图

任务实施

一、审核国际货物托运书

（一）任务资讯

1. 国际货物托运书

国际货物托运书（Shipper's Letter of Instruction）是托运人用于委托承运人或其代理人填开航空货运单的一种表单，表单上列有填制货运单所需各项内容，并应印有授权于承运人或其代理人代其在货运单上签字的文字说明，见表 2–2。

根据《关于统一国际航空运输某些规则的公约》（以下简称《华沙公约》）第 6 条第（1）和（5）款规定，货运单应由托运人填写，也可由承运人或其代理人代为填写；实际上，目前货运单均由承运人或其代理人填制，为此，作为开具货运单的依据托运单，应由托运人自己填写，而且托运人必须在上面签字。

表 2-2　　　　　　　　　　国际货物托运书（样例）

<table>
<tr><td colspan="6">国际货物托运书
SHIPPER'S LETTER OF INSTRUCTION
货运单号码：
NO. OF AIR
WAYBILL：</td></tr>
<tr><td colspan="2" rowspan="2">托运人姓名及地址
SHIPPER'S NAME AND ADDRESS</td><td colspan="2" rowspan="2">托运人账号
SHIPPER'S ACCOUNT NUMBER</td><td colspan="2">供承运人用
FOR CARRIER USE ONLY</td></tr>
<tr><td>航班 / 日期
FLIGHT/DAY</td><td>航班 / 日期
FLIGHT/DAY</td></tr>
<tr><td colspan="4"></td><td></td><td></td></tr>
<tr><td colspan="2">收货人姓名及地址
CONSIGNEE'S NAME AND ADDRESS</td><td colspan="2">收货人账号
CONSIGNEE'S ACCOUNT NUMBER</td><td>已预留吨位
BOOKED</td><td></td></tr>
<tr><td colspan="4"></td><td>运费 CHARGES</td><td></td></tr>
<tr><td colspan="4">代理人的名称和城市
ISSUING CARRIER'S AGENT NAME AND CITY</td><td colspan="2" rowspan="3">ALSO NOTIFY</td></tr>
<tr><td colspan="4">始发站
AIRPORT OF DEPARTURE</td></tr>
<tr><td colspan="4">到达站
AIRPORT OF DESTINATION</td></tr>
<tr><td colspan="2">托运人声明的价值
SHIPPER'S DECLARED VALUE</td><td colspan="2">保险金额
AMOUNT OF INSURANCE</td><td colspan="2">所附文件
DOCUMENTS TO ACCOMPANY AIR WAYBILL</td></tr>
<tr><td>供运输用
FOR CARRIAGE</td><td>供海关用
FOR CUSTOMS</td><td colspan="2" rowspan="2"></td><td colspan="2" rowspan="2"></td></tr>
<tr><td></td><td></td></tr>
<tr><td colspan="6">处理情况（包括包装方式货物标志及号码等）
PERVIN/COL.3/COUNTRY OF ORIGIN: CHINA</td></tr>
<tr><td>件数
NO.OF PACKAGES</td><td>实际毛重（kg）
ACTUAL GROSS WEIGHT(KG)</td><td>运价类别
RATE CLASS</td><td>收费重量（kg）
CHARGEABLE WEIGHT（KG）</td><td>费率
RATE/CHARGE</td><td>货物品名及数量（包括体积或尺寸）
NATURE AND QUANTITY OF GOODS
（INCL. DIMENSIONS OR VOLUME）</td></tr>
<tr><td></td><td></td><td></td><td></td><td></td><td></td></tr>
</table>

2. 国际货物托运书的内容

各货代公司的国际货物托运书格式不尽相同，但国际货物托运书的内容大同小异，主要包括以下内容。

（1）托运人（SHIPPER）

此栏目填写托运人的全称、街名、城市名称、国名，以及便于联系的电话号码和所在国或地区的企业注册代码。

（2）收货人（CONSIGNEE）

此栏目填写收货人的全称、街名、城市名称、国名，特别是在不同国家内有相同城市名称时，必须要填上国名以及电话号码和所在国或地区的企业注册代码，该栏目不得填写“order”或“to order of the shipper”（按托运人的指示）等字样，因为航空货运单不能转让。

（3）始发站机场（AIRPORT OF DEPARTURE）

此栏目填写始发站机场的全称和三字母代码。

（4）到达站机场（AIRPORT OF DESTINATION）

此栏目填写目的地机场（不知道机场名称时，可填城市名称）或机场三字代码，如果某一城市名称用于一个以上国家时，应加上国名。例如，LONDON UK 伦敦，英国；LONDON KY US 伦敦，肯达基州，美国；LONDON TO CA 伦敦，安大略省，加拿大。

（5）要求的路线 / 申请订舱（REQUESTED ROUTING/REQUSETING BOOKING）

此栏目填写用于航空公司安排运输路线时使用，但如果托运人有特别要求时，也可填入本栏。

（6）供运输用的声明价值（DECLARED VALUE FOR CARRIAGE）

此栏目填写供运输用的声明价值金额，该价值即为承运人负赔偿责任的限额。承运人按有关规定向托运人收取声明价值费，但如果所交运的货物毛重每千克不超过 20 美元（或其等值货币），无须填写声明价值金额，可在本栏内填入“NVD”（NO Value Declared 未声明价值），如本栏空着未填写时，承运人或其代理人可视为货物未声明价值。

（7）供海关用的声明价值（DECLARED VALUE FOR CUSTOMS）

此栏目填写供海关用的声明价值，国际货物通常要受到目的站海关的检查，海关根据此栏所填数额征税。

（8）保险金额（INSURANCE AMOUNT REQUESTED）

中国民航各空运企业暂未开展国际航空运输代保险业务，此栏可空着不填。

（9）操作信息（HANDLING INFORMATION）

此栏目填写附加的处理要求，例如，另请通知（ALSO NOTIFY）。除填收货人之外，如托运人还希望在货物到达的同时通知他人，请另填写通知人的全名和地址。

（10）货运单所附文件（DOCUMENT TO ACCOMPANY AIR WAYBILL）

此栏目填写随附在货运单上往目的地的文件，应填上所附文件的名称。

（11）件数和包装方式（NUMBER AND KIND OF PACKAGES）

此栏目填写该批货物的总件数，并注明其包装方法，如包裹（Package）、纸板盒（Carton）、盒（Case）、板条箱（Crate）、袋（Bag）、卷（Roll）等。若货物没有包装，则注明为散装（Loose）。

（12）实际毛重（ACTUAL GROSS WEIGHT）

此栏目的重量应由承运人或其代理人在称重后填入，如托运人已经填上重量，承运人或其代理人必须进行复核。

（13）运价类别（RATE CLASS）

此栏目可空着不填，由承运人或其代理人填写。

（14）计费重量（CHARGEABLE WEIGHT）

此栏目的计费重量应由承运人或其代理人在量过货物的尺寸（以厘米为单位）由承运人或其代理人算出计费重量后填入，如托运人已经填上，承运人或其代理人必须进行复核。

（15）费率（RATE/CHARGE）

此栏目可空着不填。

（16）货物的品名及数量（包括体积及尺寸）NATURE AND QUANTITY OF GOODS（INCL. DIMENSIONS OR VOLUME）

此栏目填写货物的品名和数量（包括尺寸和体积，尺寸要注明长、宽、高，是否可以倒置）。

货物中的每一项均须分开填写，并尽量填写详细，如 9 筒 35 mm 的曝光动画胶片、新闻短片（美国制）等，本栏所属填写内容应与出口报关发票和进口许可证上所列明的内容相符。

运输下列货物，按国际航协有关规定办理：活体动物，个人物品，枪械、弹药、战争物资，贵重物品，危险物品，汽车，尸体，具有强烈气味的货物，裸露的机械、铸件、钢材，湿货，鲜活易腐物品。危险品应填写适用的准确名称及标贴的级别。

（17）托运人签字（SIGNATURE OF SHIPPER）

托运人必须在此栏内签字。

（18）日期（DATE）

此栏目填写托运人或其代理人交货的日期。

（二）任务实施

××× 国际货运代理公司航空货运部 Carl 在收到郑州 ×× 贸易有限公司 Warren 发送的国际货物托运书后，开始对国际货物托运书（见表 2-3）的内容进行审核，审核过程中发现货物的外箱唛头、包装种类与件数两项信息缺失，运输声明价值、海关声明价值两项信息未明确。

表 2-3　　郑州 ×× 贸易有限公司国际货物托运书

Shipper/ 发货人： Zhengzhou ×× Trade Co., Ltd No.××, Jinshui East Road, Zhengdong New District, Zhengzhou, Henan, China Tel: 86-0371-××××××××	**×××国际货运代理有限公司** 郑州市金水区农业路东16号省汇中心A座×层××××室 Tel: +86-371-××××××× Fax: +86-371-×××××××
Consignee/ 收货人： Dutch Nurens Machinery BV Jacob Obrechtstraat××-H, ×××× KE Amsterdam, Netherlands Tel: 3120×××××××	If the carriage involves an ultimate destination or stop in a country other than the country of departure, the Warsaw Convention may be applicable and the Convention governs and in most cases limits the liability of carriers in respect of loss of damage to cargo. Agreed stopping places are those places (other than the places of departure and destination) shown in carriers timetables as scheduled stopping places for the route. See conditions on the front hereof. The Shipper certifies that the particulars on the face hereof are correct and agrees to the Company's Standard Trading Conditions.
Notify Party/ 通知人： SAME AS CONSIGNEE	

MAWB No./ 主单号：	HAWB No./ 分单号：	Airfreight Charges: 空运费　☑ To be prepaid 预付　☐ To be collected 到付
Airline/ 航班：	Departure Airport / Place/ 启运地： ZHENGZHOU, CHINA	
Destination Airport / Place/ 目的地： AMSTERDAM, NETHERLANDS		Other Charges: 其他杂费　☑ To be prepaid 预付　☐ To be collected 到付

Marks Nos/ 外箱唛头	No. and Kind of Packages/ 包装种类与件数	Description of Goods/ 货物描述，品名	Gross Weight / 毛重	Measurement/ 尺寸 /cbm
		Automatic Saving Water Tap	450.0 kgs	3.564 cbm

Handing Information/ 操作信息以及特殊注意事项：

Declared Value for Carriage/ 运输声明价值	Declared Value for Customs/ 海关声明价值	Insurance Amount/ 保险金额

Documents to accompany airway bill or house airway bill/ 随货文件：（如有文件请务必注明）

Packing List ☑ 装箱单　Commercial Invoice ☑ 商业发票　Certificate of Origin ☐ 原产地证　Consular Invoice ☐ 加签发票　Others ☐ 其他文件

托运人须知：

1. 请认真填写订舱委托书上各项内容并签字盖章后回传我司，以免导致订舱错误或航班延误；我司将以委托书上确认信息为准，向航空公司订舱。
2. 我司不承接任何易燃、易爆、粉末、液体、侵权及含有任何违法内容的货物。
3. 空运货物在运输过程中可能会出现破损、淋雨、丢失等情况，客户可以通过购买保险来降低风险损失。
4. 如有重要文件，请自行寄给收货人；航空公司没有义务确保随机文件不会丢失或者延误。
5. 目的港弃货或无法清关、退运等会产生额外费用；如有任何特殊情况发生，我司会积极配合托运人处理，但是不保证可以改变结果；非我司原因产生的责任及费用，结果由托运人承担；因托运人违反托运禁令或瞒报谎报货物，导致我司遭受损失或承担责任的，本公司有权向托运人追讨一切损失。

Signature and Stamp of the Shipper/ 发货人签名
Zhengzhou ×× Trade Co., Ltd
Date/ 日期　06/09/2020 (Month / Day / Year)

二、修订国际货物托运书

（一）任务资讯

对于国际货物托运书的问题，通常情况下，货代业务员需要以邮件的形式与客户沟通，在发送邮件时，应注意以下事项。

1. 邮件的主题

邮件必须要有主题，主题的作用在于能够让收件人快速获取邮件的主要内容。在编写邮件主题时，应简明扼要（10 ~ 15 字为宜），能够突出邮件的主要或重点内容；要避免使用空白或无意义的主题，否则可能被筛选为垃圾邮件；如果有关键词需突出，则可以添加特殊符号，如【 】；一封邮件尽可能只针对一个主题，尽量避免一封邮件交叉沟通多件事，以便收件人处理与回复，也方便自己日后整理。

2. 邮件的称呼与问候

邮件的开头需要有称呼与问候，如与收件人不熟悉，则可以称呼收件人的职称，针对不同的收件人，称呼方式如下。

（1）单个收件对象：× × 总、× × 经理。

（2）多个收件对象：二位好、大家好、各位好、dear all。

（3）多个收件对象：重点突出某个收件对象，× × 总及各位同仁。

问候语包括你好、您好、你们好、各位好、大家好等。

3. 邮件正文

正文是整个邮件的主体，编写正文时需注意整体框架，文字简明清晰，条理清晰，据实叙述，一般采取三段式最佳（开头、主体、结尾）。

（1）若初次与收件人联系，则应首先简洁扼要地表明自己的身份、姓名或代表的企业，以示对对方的尊重。

（2）正文要简明扼要、表达清晰准确，不要出现让人难懂的语句；尽量条理化、数据化，如果事情复杂，最好以序号的形式分段落进行说明，保持每个段落简短不冗长；如果有重要的信息，适当用颜色字体或者大两号字提醒；如果具体内容过多，则正文应可以只作摘要介绍，具体内容以附件形式做具体论述。

（3）应根据收件人与自己的熟络程度、等级关系，邮件是对内还是对外性质的不同，选择恰当的语气进行论述，以免引起对方不适。

（4）尽量在一封邮件中把相关信息全部说清楚，避免反复发邮件“补充”或者“更正”，这样一方面会浪费收件人的时间，另一方面会让收件人质疑货代业务员的专业性。

（5）尽可能避免拼写错误和错别字，注意使用拼写检查，这是对他人的尊重，也是自己态度的体现。

4. 邮件祝福语

邮件的结尾应有祝福语，如顺颂时祺、此致敬礼等。

5. 邮件签名

邮件在结尾处应有签名，邮件签名的目的是使收件人了解发件人的姓名、联系方式等信息。邮件签名的信息不宜设置过多，通常包括姓名、职务、公司名称、电话、传真、地址等信息，行数一般不超过4行。

6. 邮件附件

如果邮件附有附件，则正文中要对附件有一定的提示或说明，以提示收件人查阅；附件的名字要能够概括附件的内容，与正文保持一致，方便收件人下载、管理；附件的数量不宜过多，如果超过4个，可以使用压缩包传输。

（二）任务实施

×××国际货运代理公司航空货运部Carl通过邮件，将国际货物托运书中的问题反馈给郑州××贸易有限公司Warren。

主题：国际货物托运书问题反馈 亲爱的Warren： 您好，您发送的国际货物托运书已收到，感谢贵公司的信任。我们在审核国际货物托运书的过程中发现一些问题需与您确认。 （1）货物的外箱唛头、包装种类与件数两项信息缺失，需要补充完整。 （2）运输声明价值与海关声明价值两项信息未填写，请确认是否没有运输声明价值与海关声明价值。 以上问题烦请确认并将修改后的国际货物托运书回发给我。 谢谢！祝好！ Carl

郑州××贸易有限公司Warren收到×××国际货运代理公司航空货运部Carl发送的邮件后，对国际货物托运书进行了修订，并将修订完成的国际货物托运书回发给Carl，见表2–4。

主题：回复国际货物托运书问题反馈 亲爱的Carl： 您在邮件中提到的两个问题已修订，详情请查阅附件中的国际货物托运书。 谢谢！祝好！ Warren 附件：更正的国际货物托运书

表 2-4　　更正的国际货物托运书

Shipper/ 发货人： Zhengzhou ×× Trade Co., Ltd No.××, Jinshui East Road, Zhengdong New District, Zhengzhou, Henan, China Tel: 86-0371-×××××××××	××× 国际货运代理有限公司 郑州市金水区农业路东 16 号省汇中心 A 座 × 层 ×××× 室 Tel: +86-371-××××××× Fax: +86-371-×××××××
Consignee/ 收货人： Dutch Nurens Machinery BV Jacob Obrechtstraat ××-H, ×××× KE Amsterdam, Netherlands Tel: 3120×××××××	If the carriage involves an ultimate destination or stop in a country other than the country of departure, the Warsaw Convention may be applicable and the Convention governs and in most cases limits the liability of carriers in respect of loss of damage to cargo. Agreed stopping places are those places (other than the places of departure and destination) shown in carriers timetables as scheduled stopping places for the route. See conditions on the front hereof. The Shipper certifies that the particulars on the face hereof are correct and agrees to the Company's Standard Trading Conditions.
Notify Party/ 通知人： SAME AS CONSIGNEE	

MAWB No./ 主单号：	HAWB No./ 分单号：	Airfreight Charges: 空运费	☑ To be prepaid 预付	☐ To be collected 到付
Airline/ 航班：	Departure Airport / Place/ 启运地：ZHENGZHOU, CHINA			
Destination Airport / Place/ 目的地： AMSTERDAM, NETHERLANDS		Other Charges: 其他杂费	☑ To be prepaid 预付	☐ To be collected 到付

Marks Nos/ 外箱唛头	No. and Kind of Packages/ 包装种类与件数	Description of Goods/ 货物描述，品名	Gross Weight/ 毛重	Measurement/ 尺寸 /cbm
N/M	60 CARTONS	Automatic Saving Water Tap	450.0 kgs	3.564 cbm

Handing Information/ 操作信息以及特殊注意事项：

Declared Value for Carriage/ 运输声明价值	Declared Value for Customs/ 海关声明价值	Insurance Amount/ 保险金额
NVD	NCV	NIL

Documents to accompany airway bill or house airway bill/ 随货文件：（如有文件请务必注明）

Packing List ☑ 装箱单　　Commercial Invoice ☑ 商业发票　　Certificate of Origin ☐ 原产地证　　Consular Invoice ☐ 加签发票　　Others ☐ 其他文件

托运人须知：

1. 请认真填写订舱委托书上各项内容并签字盖章后回传我司，以免导致订舱错误或航班延误；我司将以委托书上确认信息为准，向航空公司订舱。
2. 我司不承接任何易燃、易爆、粉末、液体、侵权及含有任何违法内容的货物。
3. 空运货物在运输过程中可能会出现破损、淋雨、丢失等情况，客户可以通过购买保险来降低风险损失。
4. 如有重要文件，请自行寄给收货人；航空公司没有义务确保随机文件不会丢失或者延误。
5. 目的港弃货或无法清关、退运等会产生额外费用；如有任何特殊情况发生，我司会积极配合托运人处理，但是不保证可以改变结果；非我司原因产生的责任及费用，结果由托运人承担；因托运人违反托运禁令或瞒报谎报货物，导致我司遭受损失或承担责任的，本公司有权向托运人追讨一切损失。

Signature and Stamp of the Shipper/ 发货人签名
Zhengzhou ×× Trade Co., Ltd
Date/ 日期　06/09/2020 (Month / Day / Year)

××× 国际货运代理公司航空货运部 Carl 通过郑州 ×× 贸易有限公司 Warren 发送的正确的国际货物托运书得知货物的相关信息如下。

品名：Automatic Saving Water Tap（自动节水水龙头）。

件数：60 箱。

毛重：450 kg。

体积：3.564 cbm。

运输线路：郑州—阿姆斯特丹。

运费预付，无运输声明价值，无海关声明价值。

三、预配舱

（一）任务资讯

预配舱是指货运代理汇总所接受的委托和客户的预报，并输入计算机，计算出各航线的件数、重量、体积，按照客户的要求和货物重、泡情况，根据各航空公司不同机型对不同板箱的重量和高度要求，制定预配舱方案，并对每票货配上运单号。

（二）任务实施

×××国际货运代理公司航空货运部Carl通过查询航班信息，得到国航CA××××次航班能够满足郑州××贸易有限公司的时间要求。CA××××次航班的机型是B777，该票货物需要与其他货物拼装在一个集装板上，采用PAG集装板运输。为此票货物配置主运单号码：999-7363 6352；分运单号码：CNL-5343 9587。配舱方案如下。

主单号：999-7363 6352；件数：120件；实际重量：1 170.0 kg；体积 9.059 m^3。

分单号：CNL-5343 9587；件数：60件；实际重量：450.0 kg；体积 3.564 m^3。

分单号：CNL-5343 9588；件数：60件；实际重量：720.0 kg；体积 5.495 m^3。

知识考核

一、单选题

1. 航空托运单中填列供运输用的声明价值金额表示（　　）。

A. 货物实际价值　　B. 保险公司赔偿责任的限额

C. 承运人赔偿责任的限额　　D. 海关征税的数额

2. 航空货运的托运书是（　　）。

A. SLI　　B. HAWB　　C. MAWB　　D. LAB

3. 航空托运单上供运输用的声明价值一栏，如果货物毛重每千克不超过20美元，则此栏可填（　　）。

A. 20美元　　B. 未超过20美元　　C. NVD　　D. ALSO NOTIFY

二、多选题

1. 航空货运单可以由（　　）来填写。

A. 托运人　B. 承运人　C. 承运人代理　D. 收货人　E. 被通知人

2. 制定航空预配方案需要了解（　　）。

A. 航班信息　B. 航线信息　C. 机型信息　D. 航空运输时效信息　E. 电话沟通

3. 货代业务员提取客户委托航空货运的完整信息应包括（　　）等。

A. 货物品名　B. 货物件数与包装　C. 货物毛重与体积

D. 启运港和目的港　E. 发货人与收货人

三、判断题

1. 航空托运书应由托运人自己填写，且托运人必须在上面签字。（　　）

2. 航空托运单中的"收货人"可以填写"to order of shipper"。（　　）

3. 制定航空预配方案需要综合考虑航空托运单中所有信息。（　　）

技能训练

河南 ××× 电器股份有限公司赵 ×× 部长收到 ××× 国际货运代理公司航空货运部 Carl 发送的报价邮件后，对 Carl 提供的报价比较满意，因此将以下信息发送给 Carl。请根据以下信息填写国际货物托运书（见表 2-5）。

发货人：HENAN ××× ELECTRIC APPLIANCE CO., LTD。

NO.××, FENGXIANG STREET, ZHONGYUAN DISTRICT, ZHENGZHOU, HENAN, CHINA

TEL: +86-182××××××××。

收货人：MXY COMPUTER CO., LTD。

LOBLAWS CITY MARKET, ×××× ARBUTUS ST, VANCOUVER, BC ××××, CANADA

TEL: +1604733××××。

始发机场：CGO（郑州新郑国际机场）。

目的机场：YVR（温哥华国际机场）。

航班时间：2020 年 6 月 19 日。

商品名称：计算机线路板（COMPUTER CIRCUIT BOAED）。

数量：180 片。

包装：2 纸箱。

净重：34 kg/ 箱。

毛重：36 kg/ 箱。

纸箱尺寸：45 cm × 30 cm × 25 cm。

贸易术语：CIP VANCOUVER。

结算方式：电汇。

随附文件：合同、发票、装箱单。

表 2-5　　　　　　　　　　　空白国际货物托运书

<table>
<tr><td colspan="6">国际货物托运书
SHIPPER'S LETTER OF INSTRUCTION
货运单号码：
NO. OF AIR
WAYBILL:</td></tr>
<tr><td colspan="2" rowspan="2">托运人姓名及地址
SHIPPER'S NAME AND ADDRESS</td><td colspan="2" rowspan="2">托运人账号
SHIPPER'S ACCOUNT NUMBER</td><td colspan="2">供承运人用
FOR CARRIER USE ONLY</td></tr>
<tr><td>航班 / 日期
FLIGHT/DAY</td><td>航班 / 日期
FLIGHT/DAY</td></tr>
<tr><td colspan="4"></td><td></td><td></td></tr>
<tr><td colspan="2">收货人姓名及地址
CONSIGNEE'S NAME AND ADDRESS</td><td colspan="2">收货人账号
CONSIGNEE'S ACCOUNT NUMBER</td><td>已预留吨位
BOOKED</td><td></td></tr>
<tr><td colspan="4"></td><td>运费
CHARGES</td><td></td></tr>
<tr><td colspan="4">代理人的名称和城市
ISSUING CARRIER'S AGENT NAME AND CITY</td><td colspan="2" rowspan="3">ALSO NOTIFY</td></tr>
<tr><td colspan="4">始发站
AIRPORT OF DEPARTURE</td></tr>
<tr><td colspan="4">到达站
AIRPORT OF DESTINATION</td></tr>
<tr><td colspan="2">托运人声明的价值
SHIPPER'S DECLARED VALUE</td><td colspan="2">保险金额
AMOUNT OF INSURANCE</td><td colspan="2">所附文件
DOCUMENTS TO ACCOMPANY AIR WAYBILL</td></tr>
<tr><td>供运输用
FOR CARRIAGE</td><td>供海关用
FOR CUSTOMS</td><td colspan="2" rowspan="2"></td><td colspan="2" rowspan="2"></td></tr>
<tr><td></td><td></td></tr>
<tr><td colspan="6">处理情况（包括包装方式货物标志及号码等）
PERVIN/COL.3/COUNTRY OF ORIGIN: CHINA</td></tr>
<tr><td>件数
NO.OF PACKAGES</td><td>实际毛重（kg）
ACTUAL GROSS WEIGHT(KG)</td><td>运价类别
RATE CLASS</td><td>收费重量（kg）
CHARGEABLE WEIGHT（KG）</td><td>费率
RATE/ CHARGE</td><td>货物品名及数量（包括体积或尺寸）
NATURE AND QUANTITY OF GOODS（INCL. DIMENSIONS OR VOLUME）</td></tr>
<tr><td></td><td></td><td></td><td></td><td></td><td></td></tr>
</table>

学习单元 2

订舱

任务目标

- 能运用航空公司订舱系统进行预订舱，录入订舱信息并核对。
- 能正确完整制作进仓通知书。
- 能将进仓通知发送给客户，以确保客户及时进行备货与集货。
- 能根据客户送货时间合理安排集货和航班。

聚焦情境

×××国际货运代理公司航空货运部 Carl 收到了郑州 ×× 贸易有限公司 Warren 发送的国际货物托运书，经过审核并与客户沟通、修订，Carl 得到了完整的国际货物托运书（见表 2-6）。根据货物信息，Carl 对郑州 ×× 贸易有限公司的货物进行了预配载，与其他货物一起装在一个 PAG 集装板上。

表 2-6　　国际货物托运书

Shipper/ 发货人： Zhengzhou ×× Trade Co., Ltd No.××, Jinshui East Road, Zhengdong New District, Zhengzhou, Henan, China Tel: 86-0371-××××××××	×××国际货运代理有限公司 郑州市金水区农业路东 16 号省汇中心 A 座 × 层 ×××× 室 Tel: +86-371-×××××××× Fax: +86-371-××××××××
Consignee/ 收货人： Dutch Nurens Machinery BV Jacob Obrechtstraat ××-H, ×××× KE Amsterdam, Netherlands Tel: 3120×××××××	If the carriage involves an ultimate destination or stop in a country other than the country of departure, the Warsaw Convention may be applicable and the Convention governs and in most cases limits the liability of carriers in respect of loss of damage to cargo. Agreed stopping places are those places (other than the places of departure and destination) shown in carriers timetables as scheduled stopping places for the route. See conditions on the front hereof. The Shipper certifies that the particulars on the face hereof are correct and agrees to the Company's Standard Trading Conditions.
Notify Party/ 通知人： SAME AS CONSIGNEE	

MAWB No./ 主单号：	HAWB No./ 分单号：	Airfreight Charges: 空运费　☑ To be prepaid 预付　☐ To be collected 到付
Airline/ 航班：	Departure Airport / Place/ 启运地： ZHENGZHOU, CHINA	Other Charges: 其他杂费　☑ To be prepaid 预付　☐ To be collected 到付
Destination Airport / Place/ 目的地： AMSTERDAM, NETHERLANDS		

Marks Nos/ 外箱唛头	No. and Kind of Packages/ 包装种类与件数	Description of Goods/ 货物描述，品名	Gross Weight / 毛重	Measurement/ 尺寸 /cbm
N/M	60 CARTONS	Automatic Saving Water Tap	450.0 kgs	3.564 cbm

Handing Information/ 操作信息以及特殊注意事项：

Declared Value for Carriage/ 运输声明价值	Declared Value for Customs/ 海关声明价值	Insurance Amount/ 保险金额
NVD	NVD	NIL

Documents to accompany airway bill or house airway bill/ 随货文件：（如有文件请务必注明）

Packing List ☑ 装箱单　Commercial Invoice ☑ 商业发票　Certificate of Origin ☐ 原产地证　Consular Invoice ☐ 加签发票　Others ☐ 其他文件

托运人须知：

1. 请认真填写订舱委托书上各项内容并签字盖章后回传我司，以免导致订舱错误或航班延误；我司将以委托书上确认信息为准，向航空公司订舱。
2. 我司不承接任何易燃、易爆、粉末、液体、侵权及含有任何违法内容的货物。
3. 空运货物在运输过程中可能会出现破损、淋雨、丢失等情况，客户可以通过购买保险来降低风险损失。
4. 如有重要文件，请自行寄给收货人；航空公司没有义务确保随机文件不会丢失或者延误。
5. 目的港弃货或无法清关、退运等会产生额外费用；如有任何特殊情况发生，我司会积极配合托运人处理，但是不保证可以改变结果；非我司原因产生的责任及费用，结果由托运人承担；因托运人违反托运禁令或瞒报谎报货物，导致我司遭受损失或承担责任的，本公司有权向托运人追讨一切损失。

Signature and Stamp of the Shipper/ 发货人签名
Zhengzhou ×× Trade Co., Ltd
Date/ 日期　06/09/2020 (Month / Day / Year)

任务发布

完成预配载之后，××× 国际货运代理公司航空货运部 Carl 需要向航空公司订舱，在得到航空公司的订舱确认之后，制作进仓单并发送给郑州 ×× 贸易有限公司 Warren。

任务分析

任务分析如图 2–2 所示。

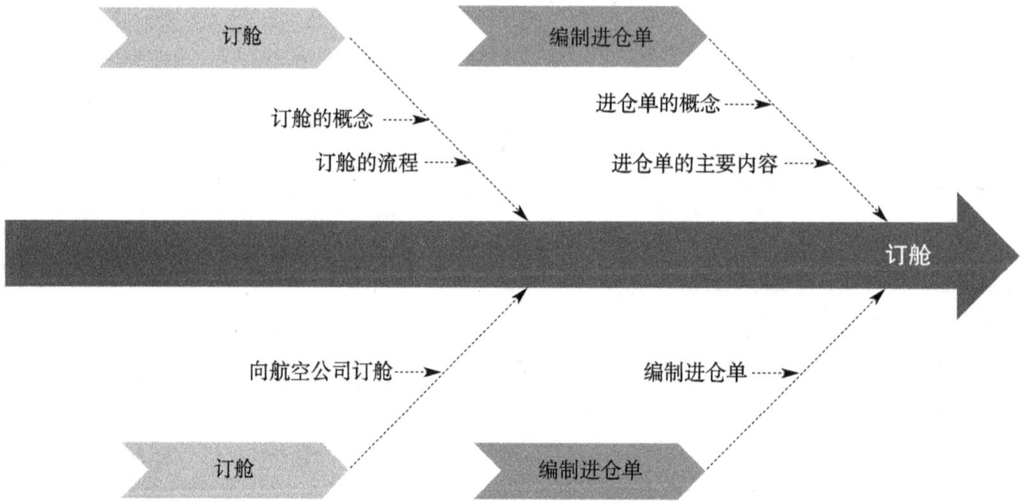

图 2–2　任务分析鱼骨图

任务实施

一、订舱

（一）任务资讯

订舱即代理人根据所指定的预配舱方案，按航班、日期打印出总运单号、件数、重量、体积，向航空公司预订舱位。

订舱时，需要向航空公司提供以下信息：货物的名称、体积、重量、件数、目的地、要求出运的时间等。如果空运的是大件货物，必须注明长、宽、高（单位：cm），然后确定航空公司的班期和舱位，如果货主有特殊要求，需要空运订舱人员和航空公司协商，最终由航空公司确定是否可以满足货主的特殊要求。

货运代理订舱时，可依照发货人的要求选择最佳的航线和承运人，同时为发货人争取最低、最合理的运价。订舱后，航空公司签发舱位确认书，同时给予装货集装器领取凭证，以表示舱位订妥。

（二）任务实施

在国际货物托运书、出口预配舱的基础上，××× 国际货运代理公司航空货运部 Carl 开始进行订舱操作，将货物相关信息通过邮件发送给中国国际航空股份有限公司。主要包含以下内容。

（1）航空运单号码：999-×××× ××××。

（2）品名：AUTOMATIC SAVING WATER TAP（自动节水水龙头）。

（3）件数：60 纸箱。

（4）货物毛重：450.0 kg。

（5）货物体积：3.564 cbm。

（6）航班号：CA××××。

（7）启运地机场：CGO。

（8）目的地机场：AMS。

（9）航班日期：2020 年 6 月 12 日。

航空公司操作员收到 Carl 发送的订舱信息，确认可以接受订舱，回复订舱确认给 Carl。

二、编制进仓单

（一）任务资讯

进仓单也叫送货通知、发货通知、进仓通知书、入仓通知、入仓单、进仓地图、进仓图（进仓通知上往往有仓库位置示意图以方便司机，避免迷路）等，是货代业务员、外运公司、仓库或其他代理确认订舱委托后，告知托运人 / 发货人在规定的时间内，把托运的货物送到指定仓库的书面通知。

进仓单主要包含以下信息。

1. 进仓编号

进仓编号是收货仓库用于区分 / 识别不同票、不同批、不同客户的货物的唯一识别号，一旦进仓编号错误，轻则造成不必要的费用支出，重则导致货物运到错误的目的地，甚至运到错误的国家。因此司机送货时，必须带上进仓通知，仓库根据进仓通知的进仓编号收货，没有进仓编号，仓库一般会拒绝收货。

2. 送货 / 寄单据地址

司机送货时需严格根据进仓单上写明的地址送货，进仓单上有联系人和联系方式，司机不认识路时，可以询问进仓通知上的联系人。司机到达后，需联系进仓通知上的联系人安排收货。

进仓通知上通常也会注明单据寄送地址、单据要求、海关的一些要求等事项。寄单据地址和送货地址多数情况下是不同的——单据一般是寄到货代公司办公室或直接寄到报关行，货物一般是送到仓库。

3. 货物信息

货物品名、包装件数、毛重、体积等。

4. 注意事项

进仓单上一般都会写明一些必要的注意事项，如仓库上班时间、卸货费如何收、对超长、超高、超重等操作困难的货物如何处理、仓库在海关特殊监管区域之内（如保税区）时的特殊要求等。

（二）任务实施

×××国际货运代理公司航空货运部 Carl 收到航空公司发送的订舱确认后，着手编制如下进仓单并发送给郑州 ×× 贸易有限公司 Warren。

××× 国际货运代理公司

TO：给郑州 ×× 贸易有限公司		进仓编号：UHEB83746
品名：自动节水水龙头	箱数：60 CARTONS	目的港：AMS
预配航班：CA××××	重量：450.0 KGS	体积：3.564 CBM

请于 6 月 11 日 16:00 前将货物送到 西货运区国际主体货站 1 座（郑州市新郑市机场二路与货运路交叉口东南角）李先生 157××××××××

请将单证送到 郑州市金水区农业路东 16 号省汇中心 A 座 × 层 ×××× 室

注：1. 务必按进仓编号进仓；2. 请妥善保管收货单，以备查询。

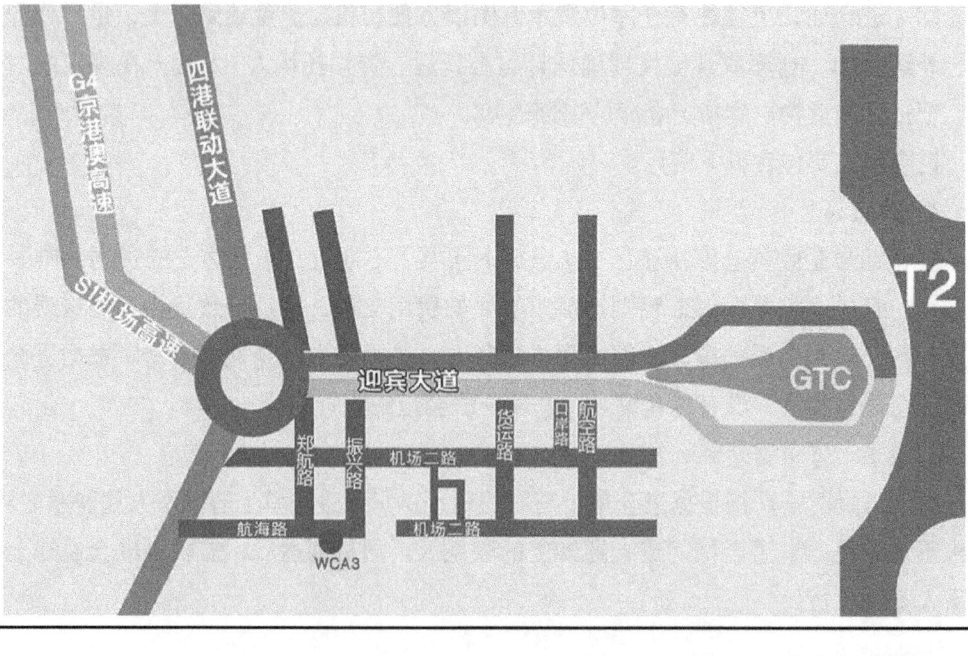

郑州××贸易有限公司 Warren 收到 Carl 发送的进仓单后，安排司机到工厂提取货物，将进仓单交给提货司机，并要求司机在进仓单要求的时间内将货物运送至仓库。

知识考核

一、单选题

1.（　　）是货代业务员、外运公司、仓库或其他代理确认订舱委托后，告知托运人 / 发货人在规定的时间内，把托运的货物送到指定仓库的书面通知。

A. 国际货物托运书

B. 进仓单

C. 航空运单

D. 提货单

2. 以下选项中关于进仓编号的说法错误的是（　　）。

A. 进仓编号是收货仓库用于区分 / 识别不同票、不同批、不同客户的货物的唯一识别号

B. 仓库根据进仓通知的进仓编号收货

C. 进仓编号错误可能会造成额外的费用

D. 进仓编号错误不会造成目的地错误

二、多选题

1. 与进仓单含义相同的名称是（　　）。

A. 进仓通知书

B. 入仓单

C. 进仓地图

D. 进仓图

2. 进仓单的主要信息包含（　　）。

A. 注意事项

B. 送货 / 寄单据地址

C. 进仓编号

D. 货物信息

三、判断题

1. 订舱时无须向航空公司提供货物件数信息。(　　)

2. 大件货物订舱时，必须注明长、宽、高（单位：cm），然后确定航空公司的班期和舱位。(　　)

技能训练

× × × 国际货运代理公司航空货运部 Carl 收到河南 × × × 电器股份有限公司赵 × × 部长发送的国际货物托运书，定好航班号为 CA7361 的舱位后，需制作进仓单发送给赵 × × 部长。请根据相关货物信息，制作进仓单。

发货人：HENAN × × × ELECTRIC APPLIANCE CO., LTD。

NO. × ×, FENGXIANG STREET, ZHONGYUAN DISTRICT, ZHENGZHOU, HENAN, CHINA。

TEL: +86–182 × × × × × × × ×。

收货人：MXY COMPUTER CO., LTD。

LOBLAWS CITY MARKET, × × × × ARBUTUS ST, VANCOUVER, BC × × × × × ×, CANADA。

TEL: +1604733 × × × ×。

始发机场：CGO（郑州新郑国际机场）。

目的机场：YVR（温哥华国际机场）。

航班时间：2020 年 6 月 19 日。

商品名称：计算机线路板（COMPUTER CIRCUIT BOAED）。

数量：180 片。

包装：2 纸箱。

净重：34 kg/ 箱。

毛重：36 kg/ 箱。

纸箱尺寸：45 cm × 30 cm × 25 cm。

贸易术语：CIP VANCOUVER。

培训任务三

出口订单执行

学习单元 1

出口货物收运

任务目标

- 能制作货物入库的所有单证。
- 能进行航空器信息申报。
- 能完成货物入库前的安全预查验，货物实际信息与订舱信息核对。
- 能根据粘贴标记与标签要求检查标记与标签位置和数量正确性。
- 能安排货物入库的装卸。
- 能根据流程完成货物安全检查。
- 能及时将订舱信息、称重信息发送给客户，并根据货物的清关类别判断是否需要更改信息。

聚焦情境

郑州 ×× 贸易有限公司 Warren 将一票空运出口至荷兰阿姆斯特丹的货物委托 ××× 国际货运代理公司运输，××× 国际货运代理公司航空货运部 Carl 为此票货物制定了预配方案，完成了订舱，得到了航空公司的订舱确认后，制作并发送进仓单给 Warren。货物的主单号是 999-7363 6352，分单号是 CNL-534 9587。

×××国际货运代理公司

TO：给郑州××贸易有限公司　　　　　　　　　　　　进仓编号：UHEB83746

品名：自动节水水龙头　　　　箱数：60 CARTONS　　　　目的港：AMS

预配航班：CA××××　　　　重量：450.0 KGS　　　　体积：3.564 CBM

请于6月11日16:00前将货物送到 <u>西货运区国际主体货站1座（郑州市新郑市机场二路与货运路交叉口东南角）李先生157××××××××</u>

请将单证送到 <u>郑州市金水区农业路东16号省汇中心A座×层××××室</u>

注：1. 务必按进仓编号进仓；2. 请妥善保管收货单，以备查询。

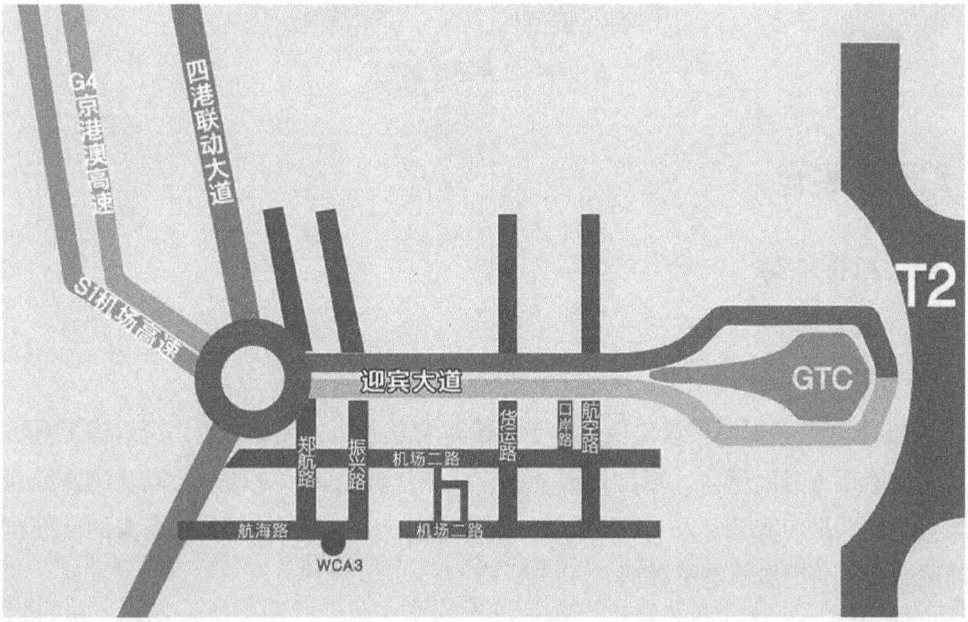

任务发布

发送进仓单之后，×××国际货运代理公司航空货运部Carl需要填制出口预配舱单并提交给海关系统，同时需要准备安检申报清单，以用于入库安检；而郑州××贸易有限公司Warren需要在进仓单规定的时间内，将货物送到指定仓库，×××国际货运代理公司航空货运部Carl需协助安排货物贴标签、安检、过磅、丈量，完成货物收运操作。

任务分析

任务分析如图3–1所示。

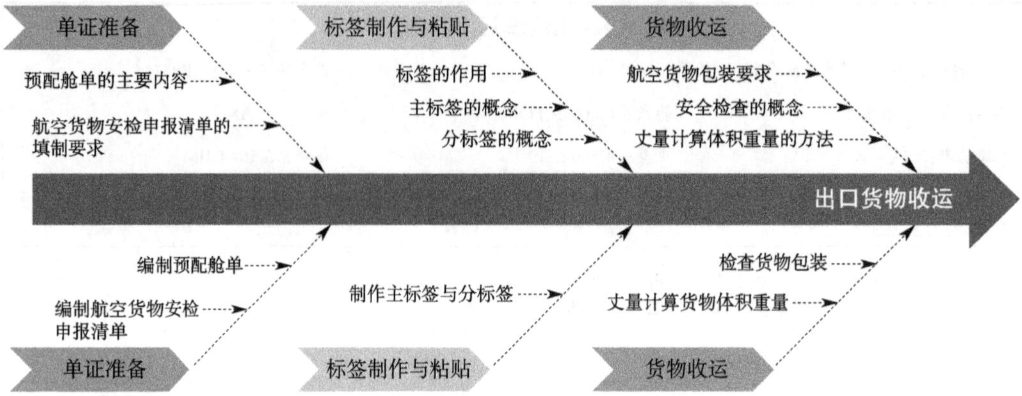

图 3-1　任务分析鱼骨图

任务实施

一、单证准备

（一）任务资讯

1. 预配舱单

《中华人民共和国海关进出境运输工具舱单管理办法》规定：进出境运输工具负责人、无船承运业务经营人、货运代理企业、船舶代理企业、邮政企业以及快件经营人等舱单电子数据传输义务人（以下统称“舱单传输人”）应当按照海关备案的范围在规定时限向海关传输舱单电子数据。

出境运输工具预计载有货物、物品的，舱单传输人应当在办理货物、物品申报手续以前向海关传输预配舱单主要数据。海关接受预配舱单主要数据传输后，舱单传输人应当在下列时限向海关传输预配舱单其他数据：（1）集装箱船舶装船的 24 小时以前，非集装箱船舶在开始装载货物、物品的 2 小时以前；（2）航空器在开始装载货物、物品的 4 小时以前；（3）铁路列车在开始装载货物、物品的 2 小时以前；（4）公路车辆在开始装载货物、物品的 1 小时以前。

预配舱单的主要内容如下。

（1）预配舱单航次 / 航班号。填写出口货物预计装载出境航班的“航班号” + “/” + “航班起飞日期”（北京时间）。

（2）发送方代码或舱单传输人。填写在舱单系统“舱单通关管理—企业备案管理”中完成备案数据录入工作的舱单传输人的“4 位关区代码” + “9 位组织机构代码”。如果未填写舱单传输人的“4 位关区代码” + “9 位组织机构代码”，该预配舱单数据将被舱单系统退单。“9 位组织机构代码”为全国唯一编号。发送方代码在一个海关备案后全国海关均可以使用。分公司备案登记后，也需要使用总运单的这个代码进行舱单数据的传输。

（3）运输工具离境地海关代码。可以填写航空器起飞的航站的“3 位 IATA 航站代码”或填写“3 位 IATA 航站代码 +4 位海关关区代码”。如果填写“3 位 IATA 航站代码 +4 位海关关区代码”，舱单系统自动将该份预配舱单数据的主管海关确认为填写的“4 位海关关区代码”。如果只填写“3 位 IATA 航站代码”未填写“4 位海关关区代码”，舱单系统将根据参数设置中的“港口关区维护”参数表查找该“3 位 IATA 航站代码”是否已经维护所属“关区代码”“主管海关”，如果已经维护所属“关区代码”“主管海关”，则以该“关区代码”“主管海关”确定该份预配舱单数据的主管海关。如果参数表“港口关区维护”中未维护该“3 位 IATA 航站代码”所属的“关区代码”“主管海关”，舱单系统无法确定预配舱单的对应关区，将做退单处理。

（4）承运人代码。填写航空公司的 IATA 2 位代码。

（5）分运单号。根据舱单系统填制规范，舱单系统中“分运单号”项应填写“总运单号”+“_”+“分运单号”。

（6）装货地代码。填写出境货物预计装载航空器启运的“3 位 IATA 航站代码”。

（7）托运货物总件数。填写出境提运单上的货物件数。系统自动写入物流监控表的“实际总件数”。

（8）托运货物总重量。填写提运单上的货物重量。系统自动写入为物流监控表的“实际总重量”。

（9）预配舱单“卸货地代码”。填写航空器在境外卸货的“3 位 IATA 航站代码”。

（10）运输工具启运日期和时间。填写出境航空器起飞的北京时间，共 14 位，包括 4 位年、2 位月、2 位日、2 位小时、2 位分钟、2 位秒。该预配舱单数据入库后将直接写入物流监控表中的“进出口时间”。

（11）货物海关状态代码。可以为空，或填写 001 普通货物、002 国际转运货物、003 过境货物、004 空箱、006 快件。对于国际转运货物，货物海关状态代码必须填写“002 国际转运货物”，且必须填写“中转目的地代码”。

（12）承运人货物分批到 / 发货标识。分批标识为非必填项，填写“0 不分批”“1 分批”。

（13）中转目的地代码。填写该总运单的最终目的地航站的“3 位 IATA 航站代码”。

（14）预配舱单中商品项信息中的“托运货物序号”为必填项，且同一提运单项下不得重复。建议空运业务仅填写一项。

（15）货物件数、货物毛重。填写该提运单本航班承运的件数、重量。

（16）货物简要描述。填写货物的品名、空运运单上的商品名称或描述。

2. 航空货物安检申报清单

航空货物安检申报清单是货物安检的必备单据之一，见表 3-1。航空货物安检申报清单实行一票一单，即每一份货运单对应填制一份申报清单，由托运人 / 销售代理人自行填写，收运部门检查，随货物安检时一并交给安检人员查验，安检人员按规定对填写不完整，或相关附加证明文件材料不符合要求的，可以拒绝对货物进行安检。

表 3-1　　航空货物安检申报清单

航空货物安检申报清单

航空货物托运人名称：＿＿＿＿＿＿＿＿　运单号：＿＿＿＿＿＿＿＿　日期：＿＿＿＿＿＿

航空货运销售代理人名称：＿＿＿＿＿＿＿＿　航协资质认定代码：＿＿＿＿＿＿＿＿

货物品名	公斤	件数	目的地	航空货物运输条件鉴定书出具单位	鉴定书编号
我声明：以上申报内容真实可信，与实际货物相符，愿承担一切因该货物产生的后果和法律责任。					
航空货物托运人签章				航空货运销售代理人签章	

以下由安检人员填写

安全检查开始时间		安全检查结论			
安全检查结束时间					
安全检查通道	＿＿号 X 光机	X 光机操作员		开箱检查员	
安检勤务调度员			单据审核员		
已检货物抽检员			已检货物抽检情况		

备注：

1. 每票运单附二份货物申报清单。
2. 装订要求：安检申报清单，航空运单复印件必须有海关放行章，海关报关单复印件，运输条件鉴定书复印件。
3. 请在最后一项货物详细品名后填写“以下空白”。
4. 本安检清单为一次性填写，更改无效。
5. 此清单须在货物安检结束后 2 小时内同运单一 同交安检登记室，加盖安检验讫章，过时视为无效单据。

（二）任务实施

6月10日，×××国际货运代理公司航空货运部Carl根据郑州××贸易有限公司Warren提供的国际货物托运书、预配舱信息、订舱信息，填制了出口预配舱单（见表3-2），并提交给海关系统。

表3-2　　出口预配舱单

<table>
<tr><td>企业代码</td><td>461384742××××</td><td>运输方式代码</td><td>4（航空运输）</td></tr>
<tr><td>离境地海关代码</td><td>CGO/4613</td><td>承运人代码</td><td>CA</td></tr>
<tr><td>航班号</td><td>CA××××</td><td>航班日期</td><td>2020.06.12</td></tr>
<tr><td>主提运单号</td><td colspan="3">999-7363 6352</td></tr>
<tr><td>分提运单号</td><td colspan="3">CNL-5343 9587</td></tr>
<tr><td>舱单传输人名称</td><td>461393711××××</td><td>运费支付方法代码</td><td>PP</td></tr>
<tr><td>装货地代码</td><td>CGO</td><td>卸货地代码</td><td>AMS</td></tr>
<tr><td>货物装载时间</td><td colspan="3">2020.06.12</td></tr>
<tr><td>托运货物件数</td><td>60</td><td>货物毛重</td><td>450.0</td></tr>
<tr><td>货物简要描述</td><td colspan="3">AUTOMATIC SAVING WATER TAP</td></tr>
<tr><td>发货人名称
发货人地址</td><td colspan="3">Zhengzhou ×× Trade Co., Ltd
No.××, Jinshui East Road, Zhengdong New District, Zhengzhou, Henan, China
Tel: 86-0371-××××××××</td></tr>
<tr><td>收货人名称
收货人地址</td><td colspan="3">Dutch Nurens Machinery BV
Jacob Obrechtstraat ××-H, ×××× KE Amsterdam, Netherlands
Tel: 3120×××××××</td></tr>
<tr><td colspan="4"></td></tr>
<tr><td colspan="3" rowspan="3">本公司委托××有限公司传输出口货物预配舱单，并保证以上内容真实、完整、有效，否则由此申报引起的一切后果、责任及费用，由我司承担。
印章：　　　　日期：（年）（月）（日）</td><td>录入人员：</td></tr>
<tr><td>录入日期：</td></tr>
<tr><td>录入单位：</td></tr>
</table>

6月10日，Carl制作了航空货物安检申报清单（见表3-3）并加盖公章，并联系郑州××贸易有限公司在清单上加盖公章，做好货物入库前的单证准备。

表3-3　航空货物安检申报清单

航空货物安检申报清单

航空货物托运人名称：郑州××贸易有限公司　运单号：999-7363 6352　日期：2020/6/10
航空货运销售代理人名称：××国际货运代理公司　航协资质认定代码：HB3461

货物品名	公斤	件数	目的地	航空货物运输条件鉴定书出具单位	鉴定书编号
自动节水水龙头	450	60	AMS		
我声明：以上申报内容真实可信，与实际货物相符，愿承担一切因该货物产生的后果和法律责任。					
航空货物托运人签章			航空货运销售代理人签章		

以下由安检人员填写

安全检查开始时间		安全检查结论			
安全检查结束时间					
安全检查通道	____号X光机	X光机操作员		开箱检查员	
安检勤务调度员		单据审核员			
已检货物抽检员		已检货物抽检情况			

备注：
1. 每票运单附二份货物申报清单。
2. 装订要求：安检申报清单，航空运单复印件必须有海关放行章，海关报关单复印件，运输条件鉴定书复印件。
3. 请在最后一项货物详细品名后填写“以下空白”。
4. 本安检清单为一次性填写，更改无效。
5. 此清单须在货物安检结束后2小时内同运单一同交安检登记室，加盖安检验讫章，过时视为无效单据。

二、标签制作与粘贴

（一）任务资讯

当货物送至相关的货站后，货运代理会根据航空公司的运单号码，制作主标签和分标签，贴在货物上，以便于启运港及目的港的货主、货代公司、货站、海关、航空公司、商检及收货人识别。

主标签又称航空公司标签，是航空公司对其所承运的货物做出的标识。各航空公司的标签虽然在格式、颜色上有所不同，但内容基本相同，主要包括航空运单号码、始发站、目的站、件数、毛重等内容。

分标签是航空货运代理公司对货物出具的标识。凡出具分运单的货物都要制作分标签，填制分运单号码和货物到达城市或机场的三字代码。通常一件货物贴一张航空公司标签，有分运单的货物（如集中托运的货物），每件再贴一张分标签。

*** 小提示 ***

标记是指在货物外包装上由托运人书写的有关事项和记号。其内容主要包括托运人、收货人的姓名、地址、联系电话、传真、合同号等，操作（运输）注意事项（如不要曝晒，防潮，小心轻放等），单件超过 150 kg 的货物。

标签按照作用划分可分为三种。

识别标签：说明货物的货运单号码、件数、重量、始发站、目的站、中转站的一种运输标志，分为挂签、贴签两种。

特种货物标签：说明特种货物性质的各类识别标志，如图 3-2 所示。

易燃气体　非易燃无毒气体　有毒气体

图 3-2　特种货物标签图示

操作标签：用以说明货物储运注意事项的各类标志，如图 3-3 所示。

图 3-3　操作标签图示

（二）任务实施

6月11日，×××国际货运代理公司航空货运部Carl制作了主标签与分标签，在货物到达货站后，将制作好的标签贴在每一件货物上，见表3-4和表3-5。

表3-4 主标签

Air China Cargo	
AWB	999-7363 6352
DESTINATION	AMS
PCS.	120 CARTONS
FROM	CGO

表3-5 分标签

MAWB	999-7363 6352
DESTINATION	AMS
PCS.	60 CARTONS
WEIGHT	450.0 KGS
FROM	CGO
HAWB	CNL-5343 9587

三、货物收运

（一）任务资讯

货站在接货的过程中，要清点货物数量、检查包装是否符合要求，并对货物进行安全检查、过磅与丈量。

1. 航空货物包装要求

（1）一般规定

货物包装应当保证货物在运输过程中不致损坏、散失、渗漏，不致损坏和污染飞机设备或者其他物品。

托运人应当根据货物性质及重量、运输环境条件和承运人的要求，采取适当的内、外包装材料和包装形式，妥善包装。精密、易碎、怕震、怕压、不可倒置的货物，必须有相应的防止货物损坏的包装措施。

严禁使用草袋包装或草绳捆扎。货物包装内不准夹带禁止运输或者限制的物品、危险品、贵重物品、保密文件和资料等。

包装应完好，不能有刺激性气体泄漏，外表面应清洁，没有异味和油渍。

严禁使用草袋、草绳、粗麻包等作为外包装；包装内的衬垫材料（如木屑、草屑、纸屑）不能外漏；包装外部不能有突出的棱角，不能有钉子及金属凸出来。

包装应便于装卸操作，超大、超重货物外包装要符合所装载飞机机型的地板承受力。

（2）部分货物的特殊包装要求

1）液体货物。容器内部必须留有 5% ~ 10% 的空隙，封盖必须平密，不得溢漏。用玻璃容器盛装的液体，每一容器的容量不得超过 500mL。单件货物毛重以不超过 25 kg 为宜。箱内应使用衬垫和吸附材料填实，防止货物晃动或液体渗出。

2）粉状货物。用袋盛装的，最外层应使用塑料涂膜编织袋作外包装，保证粉末不致漏出，单件货物毛重不得超过 50 kg；用硬纸桶、木桶、胶合板桶盛装的，要求桶身不破、接缝严密、桶盖密封、桶箍坚固结实；用玻璃装的，每瓶内装物的重量不得超过 1 kg。用铁制或木制材料作外包装，箱内用衬垫材料填实。单件货物毛重以不超过 25 kg 为宜。

3）精密易损，质脆易碎货物。单件货物毛重以不超过 25 kg 为宜，可以采用以下方法包装：多层次包装，即货物—衬垫材料—内包装—衬垫材料—运输包装（外包装）；悬吊式包装，即用几根弹簧或绳索，从箱内各个方向把货物悬置在箱子中间；防倒置包装，即底盘大、有手提把环或屋脊式箱盖的包装，不宜平放的玻璃板、挡风玻璃等必须使用此类包装；玻璃器皿的包装，应使用足够厚度的泡沫塑料及其他衬垫材料围裹严实，外加坚固的瓦楞纸箱或木箱，箱内物品不得晃动。

4）裸装货物、不怕碰压的货物。可以不用包装，如轮胎等；不易清点件数、形状不规则、外形与运输设备相似或容易损坏飞机的货物，应使用绳、麻布包扎或外加包装。

5）大型货物。体积或重量较大的货物底部应有便于叉车操作的枕木或底托。

（3）部分包装类型的要求

1）纸箱。应能承受同类包装货物码放 3 m 或 4 层的总重量。

2）木箱。厚度及结构要适合货物安全运输的需要；盛装贵重物品、精密仪器、易碎物品的木箱，不得有腐蚀、虫蛀、裂缝等缺陷。

3）条筐、竹篓。编制紧密、整齐、牢固、不断条、不辟条，外形尺寸以不超过 50 cm × 50 cm × 60 cm 为宜，单件毛重以不超过 40 kg 为宜，内装货物及衬垫材料不得漏出。应能承受同类货物码放 3 层高的总重量。

4）铁桶。铁皮的厚度应与内装货物重量相对应。单件毛重 25 ~ 100 kg 的中小型铁桶，应使用 0.6 ~ 1.0 mm 的铁皮制作，单件毛重在 101 ~ 180 kg 的大型铁桶，应使用 1.25 ~ 1.5 mm 的铁皮制作。

2. 安全检查

安全技术检查简称安全检查，是指在民用机场实施的为防止因货物异常等情况危害航空安全事件的发生，保障货物、旅客、机组人员和飞机安全所采取的一种强制性的技术性检查。

3. 过磅与丈量

货物的计费重量是通过过磅与丈量来获得的，每件货物都必须进行过磅与丈量，准确测出重量和体积。通常重货使用实际毛重，轻泡货物使用体积重量。航空公司对收运货物根据机型不同有机舱地板承受力限制、机舱门大小限制。操作人员过磅时要注意重量和体积是否超过托运限制。

航空运输中，非宽体飞机载运的货物，一般不超过 80 kg/ 件，体积不超过 40 cm × 60 cm × 100 cm/ 件；宽体飞机载运的货物，一般不超过 250 kg/ 件，体积不超过 100 cm × 100 cm × 140 cm/ 件。每件货物的长宽高之和不小于 40 cm。

通过丈量计算货物体积重量的方法如下。

（1）丈量货物尺寸。无论货物形状如何，丈量每件货物的最长、最宽、最高边长度，应量至厘米后一位小数点。在计算货物的体积时，不论货物的形状是否为规则的长方体或正方体，均应以最长、最宽、最高的三边的厘米长度来计算。

（2）计算货物的体积。首先将测得的三边长度四舍五入进位至整数。例如，150.2 cm × 125.5 cm × 100.6 cm = 150 cm × 126 cm × 101 cm = 1 908 900 cm^3。

（3）换算体积重量。1 908 900 cm^3 / 6 000 cm^3 /kg = 318.15 kg，单位是 kg 时，以 0.5 为计算单位，不满 0.5 进入 0.5，超过 0.5 进入 1.0，即体积重量为 318.5 kg。

（二）任务实施

贴好标签的货物交接到货站后，货站工作人员清点货物，核对数量与相关单据一致后，认真检查货物外包装，确认包装符合要求。××× 国际货运代理公司航空货运部 Carl 出具航空货物安检申报清单配合安全检查，货物顺利通过安全检查，并进行了过磅、丈量。完成过磅后得出货物重量为 450.0 kg，完成丈量后得出货物体积 3.564 m^3；体积重量 594.0 kg。

知识考核

一、单选题

1. 下列选项中关于航空运输包装说法错误的是（　　）。

A. 包装应完好，不能有刺激性气体泄漏，外表面应清洁，没有异味和油渍

B. 货物包装内不准夹带禁止运输或者限制的物品、危险品、贵重物品、保密文件和资料等

C. 可以使用草袋包装或草绳捆扎

D. 包装应便于装卸操作，超大、超重货物外包装要符合所装载飞机机型的地板承受力

2. 舱单传输人不可以是（　　）。

A. 进出境运输工具负责人　　B. 旅客

C. 货运代理企业　　D. 邮政企业

二、多选题

1. 预配舱单的主要内容包括（　　）。

A. 预配舱单航次 / 航班号　　B. 运输工具离境地海关代码

C. 分运单号　　D. 装货地代码

2. 对于航空货物是液体类的包装要遵循以下原则（　　）。

A. 容器内至少有 5% ~ 10% 的空隙

B. 封盖严密

C. 每一容器的容量不得超过 500 mL

D. 每件重量不超过 25 kg

3. 下列选项中关于标签的说法，正确的是（　　）。

A. 分标签又称航空公司标签，是航空公司对其所承运的货物做出的标识

B. 各航空公司的标签虽然在格式、颜色上有所不同，但内容基本相同

C. 分标签是航空货运代理公司对货物出具的标识

D. 凡出具分运单的货物都要制作分标签

三、判断题

1. 安检人员对填写不完整的航空货物安检申报清单，或相关附加证明文件材料不符合要求的，可以拒绝对货物进行安检。（　　）

2. 货物的计费重量是通过过磅与丈量来获得的，每件货物都必须进行过磅与丈量，准确测出重量和体积。（　　）

3. 安全检查是指在民用机场实施的为防止因货物异常等情况危害航空安全事件的发生，保障货物、旅客、机组人员和飞机安全所采取的一种强制性的技术性检查。（　　）

技能训练

×××国际货运代理公司航空货运部 Carl 接受了河南×××电器股份有限公司赵××部长航空货物运输的委托。

发货人：HENAN ××× ELECTRIC APPLIANCE CO., LTD。

NO.××, FENGXIANG STREET, ZHONGYUAN DISTRICT, ZHENGZHOU, HENAN, CHINA。

TEL: +86–182××××××××。

收货人：MXY COMPUTER CO., LTD。

LOBLAWS CITY MARKET, ×××× ARBUTUS ST, VANCOUVER, BC ××××××, CANADA。

TEL: +1604733××××。

始发机场：CGO（郑州新郑国际机场）。

目的机场：YVR（温哥华国际机场）。

航班时间：2020 年 6 月 19 日。

商品名称：计算机线路板（COMPUTER CIRCUIT BOAED）。

数量：180 片。

包装：2 纸箱。

净重：34 kg/ 箱。

毛重：36 kg/ 箱。

纸箱尺寸：45 cm × 30 cm × 25 cm。

贸易术语：CIP VANCOUVER。

Carl 为该票货物定好航班号为 CA7361 的舱位，并制定了配舱方案。

主运单号：999–5342 8473。

分运单号：CNL–7463 2299。

企业代码：461333645××××。

舱单传输人：461393711××××。

请结合以上信息，制作出口预配舱单、航空货物安检申报清单、主标签与分标签。

学习单元 2

制作航空运单

任务目标

- 能根据订舱委托书和货物实际信息制作航空运单主单。
- 能根据订舱委托书和货物实际信息制作航空运单分单。

聚焦情境

郑州 ×× 贸易有限公司 Warren 将一票空运出口至荷兰阿姆斯特丹的货物委托 ××× 国际货运代理公司运输，××× 国际货运代理公司航空货运部 Carl 完成订舱并将进仓单发给 Warren 后，Warren 安排了司机与车辆在进仓单规定时间内将货物送到了货站。货物安检、过磅、丈量入库后，得到货物重量为 450.0 kg、货物体积为 3.564 m^3、体积重量为 594.0 kg。Carl 将货物称重量、尺寸信息发给了 Warren。

任务发布

货物入库后，××× 国际货运代理公司航空货运部 Carl 需要根据货物托运信息与过磅、丈量信息，制作此票货物的航空运单主单和分单。国际货物托运书见表 3–6。

表 3-6　　国际货物托运书

<table>
<tr><td colspan="2">Shipper/ 发货人：
Zhengzhou ×× Trade Co., Ltd
No.××, Jinshui East Road, Zhengdong New District, Zhengzhou, Henan, China
Tel: 86-0371-××××××××</td><td colspan="3">××× 国际货运代理有限公司
郑州市金水区农业路东 16 号省汇中心 A 座 × 层 ×××× 室
Tel: +86-371-×××××××
Fax: +86-371-×××××××</td></tr>
<tr><td colspan="2">Consignee/ 收货人：
Dutch Nurens Machinery BV
Jacob Obrechtstraat ××-H, ×××× KE Amsterdam, Netherlands
Tel: 3120××××××

Notify Party/ 通知人：
SAME AS CONSIGNEE</td><td colspan="3">If the carriage involves an ultimate destination or stop in a country other than the country of departure, the Warsaw Convention may be applicable and the Convention governs and in most cases limits the liability of carriers in respect of loss of damage to cargo. Agreed stopping places are those places (other than the places of departure and destination) shown in carriers timetables as scheduled stopping places for the route. See conditions on the front hereof. The Shipper certifies that the particulars on the face hereof are correct and agrees to the Company's Standard Trading Conditions.</td></tr>
<tr><td>MAWB No./ 主单号：</td><td>HAWB No./ 分单号：</td><td>Airfreight Charges:
空运费</td><td>☑ To be prepaid
预付</td><td>☐ To be collected
到付</td></tr>
<tr><td>Airline/ 航班：</td><td>Departure Airport / Place/ 启运地：
ZHENGZHOU, CHINA</td><td rowspan="2">Other Charges:
其他杂费</td><td rowspan="2">☑ To be prepaid
预付</td><td rowspan="2">☐ To be collected
到付</td></tr>
<tr><td colspan="2">Destination Airport / Place/ 目的地：
AMSTERDAM, NETHERLANDS</td></tr>
</table>

Marks Nos/ 外箱唛头	No. and Kind of Packages/ 包装种类与件数	Description of Goods/ 货物描述，品名	Gross Weight / 毛重	Measurement/ 尺寸 /cbm
N/M	60 CARTONS	Automatic Saving Water Tap	450.0 kgs	3.564 cbm

Handing Information/ 操作信息以及特殊注意事项：

Declared Value for Carriage/ 运输声明价值	Declared Value for Customs/ 海关声明价值	Insurance Amount/ 保险金额
NVD	NCV	NIL

Documents to accompany airway bill or house airway bill/ 随货文件：（如有文件请务必注明）

Packing List ☑ 装箱单　Commercial Invoice ☑ 商业发票　Certificate of Origin ☐ 原产地证　Consular Invoice ☐ 加签发票　Others ☐ 其他文件

托运人须知：

1. 请认真填写订舱委托书上各项内容并签字盖章后回传我司，以免导致订舱错误或航班延误；我司将以委托书上确认信息为准，向航空公司订舱。
2. 我司不承接任何易燃、易爆、粉末、液体、侵权及含有任何违法内容的货物。
3. 空运货物在运输过程中可能会出现破损、淋雨、丢失等情况，客户可以通过购买保险来降低风险损失。
4. 如有重要文件，请自行寄给收货人；航空公司没有义务确保随机文件不会丢失或者延误。
5. 目的港弃货或无法清关、退运等会产生额外费用；如有任何特殊情况发生，我司会积极配合托运人处理，但是不保证可以改变结果；非我司原因产生的责任及费用，结果由托运人承担；因托运人违反托运禁令或瞒报谎报货物，导致我司遭受损失或承担责任的，本公司有权向托运人追讨一切损失。

Signature and Stamp of the Shipper/ 发货人签名
Zhengzhou ×× Trade Co., Ltd
Date/ 日期　06/09/2020 (Month / Day / Year)

任务分析

任务分析如图 3-4 所示。

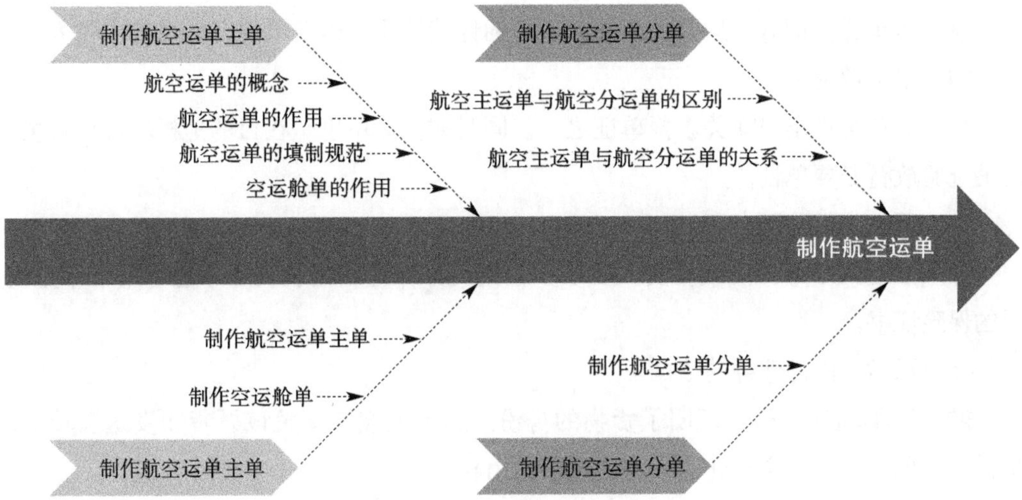

图 3-4　任务分析鱼骨图

任务实施

一、制作航空运单主单

（一）任务资讯

1. 航空运单的概念

航空运单（Airway Bill）是由承运人或其代理人签发的重要的货物运输单据，是承托双方的运输合同，其内容对双方均具有约束力。

2. 航空运单的作用

航空运单有以下六大用途。

（1）运输合同

AWB 是发货人与航空承运人之间的运输合同。与海运提单不同，航空运单不仅证明航空运输合同的存在，而且航空运单本身就是发货人与航空运输承运人之间缔结的货物运输合同，在双方共同签署后产生效力，并在货物到达目的地交付给运单上所记载的收货人后失效，航空运单背面就是航空运输合同的约定条款。

（2）货物收据

航空运单是承运人签发的已接收货物的证明，在发货人将货物交付后，承运人或其代理人就会将其中一份航空运单交给发货人（即发货人联），作为已经接收货物的证明。除非另外注明，它是承运人已接收到包装良好的货物并在包装良好的状态下承运的证明。

（3）承运人据以核收运费的账单

航空运单详细记载着运费的明细、运费的计费重量、运费单价、运费的支付方。

（4）报关单证之一

航空运单是进出口海关申报单证之一。同时航空运单也是在目的地机场进口报关、海关查验放行必要单证。

（5）可作为保险证书

如果承运人承办保险或发货人要求承运人代办保险，则航空运单也可用来作为投保的保险证书。

（6）承运人内部业务的依据

航空运单随货同行，证明了货物的身份。运单上载有有关该票货物发送、转运、交付的事项，承运人会据此对货物的运输做出相应安排。

3. 航空运单的填制规范（见表 3-7）

表 3-7　航空运单样本

<table>
<tr><td colspan="2">(1A)</td><td colspan="2">(1)</td><td colspan="2">(1B)</td><td colspan="8"></td></tr>
<tr><td colspan="4">(2)Shipper's name and address</td><td colspan="2">(3)Account no.</td><td colspan="8">NOT NEGOTIABLE AIR WAYBILL (AIR CONSIGNMENT NOTE) ISSUED BY</td></tr>
<tr><td>(4)
Consignee's name and address</td><td></td><td></td><td></td><td colspan="2">(5)Account no.</td><td colspan="8">It is agreed that the goods described herein are accepted in apparent good order and condition (except as noted) for carriage SUBJECT TO THE CONDITIONS OF CONTRACT ON THE REVERSE HEREOF, ALL GOODS MAY BE CARRIED BY ANY OTHER MEANS. INCLUDING ROAD OR ANY OTHER CARRIER UNLESS SPECIFIC CONTRARY INSTRUCTIONS ARE GIVEN HEREON BY THE SHIPPER. THE SHIPPER'S ATTENTION IS DRAWN TO THE NOTICE CONCERNING CARIER'S LIMITATION OF LIABILITY. Shipper may increase such limitation of liability by declaring a higher value of carriage and paying a supplemental charge if required.</td></tr>
<tr><td colspan="6">(6)Issuing Carrier's Agent and City</td><td colspan="8" rowspan="3">(10)Accounting Information</td></tr>
<tr><td colspan="3">(7)Agent's IATA code</td><td colspan="3">(8)Account no.</td></tr>
<tr><td colspan="6">(9)Airport of Departure and Requested Routing</td></tr>
<tr><td rowspan="2">(11A)
To</td><td rowspan="2">(11B)
By first Carrier</td><td rowspan="2">(11C)
By</td><td rowspan="2">(11D)
By</td><td rowspan="2">(11E)
To</td><td rowspan="2">(11F)
By</td><td rowspan="2">(12)
Currency</td><td rowspan="2">(13)
CHGS code</td><td colspan="2">(14)
Wt/Val</td><td colspan="2">(15)
Other</td><td rowspan="2">(16)
Declared Value for Carriage</td><td rowspan="2">(17)
Declared Value for Customs</td></tr>
<tr><td>PPD</td><td>COLL</td><td>PPD</td><td>COLL</td></tr>
<tr><td colspan="2">(18)Airport of Destination</td><td colspan="4">(19)Flight/Date</td><td colspan="3">(20)Amount of Insurance</td><td colspan="5">INSURANCE–If carrier offers insurance and such insurance is requested in accordance with the conditions thereof indicate amount to be insured in figures in box marked Amount of Insurance.</td></tr>
<tr><td colspan="14">(21)Handling Information</td></tr>
</table>

续表

<table>
<tr><td>(22A)
No. of
Pieces</td><td>(22B)
Gross
Weight</td><td>(22C)
Kg/lb</td><td colspan="2">(22D)Rate Class</td><td colspan="2">(22F)Chargeable
Weight</td><td>(22G)Rate/
Charge</td><td>(22H)Total</td><td>(22I)Nature and
Quantity of Goods
(incl. Dimensions or
Volume)</td></tr>
<tr><td>Pieces</td><td>Weight</td><td></td><td colspan="2"></td><td colspan="2"></td><td></td><td></td><td></td></tr>
<tr><td></td><td></td><td></td><td rowspan="2"></td><td>(22E)
Commodity
item no.</td><td rowspan="2"></td><td rowspan="2"></td><td rowspan="2"></td><td></td><td rowspan="2"></td></tr>
<tr><td>(22J)</td><td>(22K)</td><td></td><td></td><td>(22L)</td></tr>
</table>

<table>
<tr><td colspan="2">Prepaid Freight (24)Weight Charge Collect</td><td rowspan="6">(23) Other Charges</td></tr>
<tr><td></td><td></td></tr>
<tr><td colspan="2">(25)Valuation Charge</td></tr>
<tr><td></td><td></td></tr>
<tr><td colspan="2">(26)Tax</td></tr>
<tr><td></td><td></td></tr>
<tr><td colspan="2">(27)Total Other Charges Due Agent</td><td rowspan="4">Shipper certifies that the particulars on the face hereof are correct and that insofar as any part of the consignment contains dangerous goods, such part is properly described by name and is in proper condition for carriage by air according to the applicable Dangerous Goods Regulations.</td></tr>
<tr><td></td><td></td></tr>
<tr><td colspan="2">(28)Total Other Charges Due Carrier</td></tr>
<tr><td></td><td></td></tr>
<tr><td colspan="2">Insurance Premium</td><td rowspan="2">(31)Signature of Shipper or his agent</td></tr>
<tr><td></td><td></td></tr>
<tr><td>(29)Total Prepaid</td><td>(30)Total Collect</td><td></td></tr>
<tr><td></td><td></td><td rowspan="2">(32)Executed on (Date) at (Place) Signature of issuing Carrier or as Agent</td></tr>
<tr><td>(33A)Currency Conversion Rates</td><td>(33B)CC Charges in
destination Currency</td></tr>
<tr><td>For Carrier's Use Only at
Destination</td><td>(33C)Charges at
Destination</td><td>(33D)Total Collect Charges</td></tr>
</table>

航空运单有正面、背面条款之分，不同的航空公司也会有自己独特的航空运单格式。所不同的是，航运公司的海运提单可能千差万别，但各航空公司所使用的航空运单则大多借鉴 IATA 所推荐的标准格式，差别并不大。所以这里介绍这种标准格式，也称中性运单。下面就有关需要填写的栏目进行说明。

1. 始发站机场。需填写 IATA 统一制定的始发站机场或城市的三字代码。

1A. IATA 统一编制的航空公司代码，如中国国际航空股份有限公司的代码就是 999。

1B. 运单号。

2. 发货人姓名、住址（Shipper's name and Address）。填写发货人姓名、地址、所在国家及联络方法。

3. 发货人账号（Account no.）。只在必要时填写。

4. 收货人姓名、住址（Consignee's name and address）。应填写收货人姓名、地址、所在国家及联络方法。与海运提单不同，因为航空运单不可转让，所以“凭指示”之类的字样不得出现。

5. 收货人账号（Account no.）。同 3 栏一样只在必要时填写。

6. 承运人代理的名称和所在城市（Issuing Carrier's Agent and City）。向出票航空公司收取佣金的货运代理人的名称和所在城市。

7. 代理人的 IATA 代号（Agent's IATA code）。航空公司为便于内部系统管理，要求其代理人在此处填制相应数字代码。

8. 代理人账号（Account no.）。同 3 栏一样只在必要时填写。

9. 始发站机场及所要求的航线（Airport of Departure and Requested Routing）。填写始发地机场的全称。

10. 支付信息（Accounting Information）。此栏只有在采用特殊付款方式时才填写。

11A（C、E）. 去往（To）。分别填入第一（二、三）中转站机场的 IATA 代码。

11B（D、F）. 承运人（By）。分别填入第一（二、三）段运输的承运人。

12. 货币（Currency）。填入 ISO 货币代码。

13. 收费代号（CHGS Code）。表明支付方式。

14. 运费及声明价值费（Wt/Val，Weight Charge/Valuation Charge）。

此时可以有两种情况：预付（PPD，Prepaid）或到付（COLL，Collect）。在相应的栏目“PPD”（预付）、“COLL”（到付）内填写“PP”或“CC”，或在相应栏目填写“XX”。需要注意的是，航空货物运输中运费与声明价值费支付的方式必须一致，不能分别支付。

15. 其他费用（Other）。也有预付和到付两种支付方式，填写方法与 14 栏相同。

16. 运输声明价值（Declared Value for Carriage）。在此栏填入发货人要求的用于运输的声明价值。如果发货人不要求声明价值，则填入 NVD（No Value Declared）。

17. 海关声明价值（Declared Value for Customs）。发货人在此填入对海关的声明价值，或者填入 NCV（No Customs Valuation），表明没有声明价值。

18. 目的地机场（Airport of Destination）。填写最终目的地机场的全称。

19. 航班及日期（Flight/Date）。填入货物所搭乘航班及日期。

20. 保险金额（Amount of Insurance）。只有在航空公司提供代保险业务而客户也有此需要时才填写。

21. 操作信息（Handling Information）。一般填入承运人对货物处理的有关注意事项，如 Shipper's certification for live animals（托运人提供活动物证明）等。

22A ~ 22L. 货物运价、运费细节。

22A. 货物件数和运价组成点（No. of Pieces RCP，Rate Combination Point）。填入货物包装件数，如 10 包即填 10。当需要组成比例运价或分段相加运价时，在此栏填入运价组成点机场的 IATA 代码。

22B. 毛重（Gross Weight）。填入货物总毛重。

22C. 重量单位（Kg / lb）。可选择千克（kg）或磅（lb）。

22D. 运价等级（Rate Class）。针对不同的航空运价共有 6 种代码，它们是 M（Minimum，起码运费）、C（Specific Commodity Rates，特种运价）、S（Surcharge，高于普通货物运价的等级货物运价）、R（Reduced，低于普通货物运价的等级货物运价）、N（Normal，45 kg 以下货物适用的普通货物运价）、Q（Quantity，45 kg 以上货物适用的普通货物运价）。

22E. 商品代码（Commodity item no.）。在使用特种运价时需要在此栏填写商品代码。

22F. 计费重量（Chargeable Weight）。此栏填入航空公司据以计算运费的计费重量，该重量可以与货物毛重相同也可以不同。

22G. 运价 / 运费（Rate/Charge）。填入该货物适用的费率。当使用最低运费时，此栏与运价代号“M”对应打印最低运费。

22H. 运费总额（Total）。此栏数值应为起码运费值或者是运价与计费重量两栏数值的乘积。

22I. 货物的品名、数量，含尺码或体积［Nature and Quantity of Goods（incl. Dimensions or Volume）］。货物的尺码应以厘米或英寸为单位，尺寸分别以货物最长、最宽、最高边为基础。体积则是上述三边的乘积，单位为立方厘米或立方英寸。

22J. 该运单项下货物总件数。

22K. 该运单项下货物总毛重。

22L. 该运单项下货物总运费。

23. 其他费用（Other Charges）。指除运费和声明价值附加费以外的其他费用。根据 IATA 规则各项费用分别用三个英文字母表示。其中前两个字母是某项费用的代码，如运单费就表示为 AW（Air Waybill Fee）。第三个字母是 C 或 A，分别表示费用应支付给承运人（Carrier）或货运代理人（Agent）。

24 ~ 26. 分别记录运费、声明价值费和税款金额，有预付与到付两种方式。

27 ~ 28. 分别记录需要付与货运代理人（Due Agent）和承运人（Due Carrier）的

其他费用合计金额。

29. 需预付的总金额（Total Prepaid）。

30. 需到付的总金额（Total Collect）。

31. 发货人的签字。

32. 签单时间（日期）、地点、承运人或其代理人的签字。

33 A ~ 33D. 仅供有关承运人、目的地机场等在目的站使用。

33 A. 货币兑换比价（Currency Conversion Rates）。填入将运输始发地货币换算成目的地国家货币的比价（银行卖出价）。

33 B. 用目的地国家货币表示的付费金额（CC Charges in Destination Currency）。

33 C. 目的站费用（Charges at Destination）。最后一个承运人将目的站发生的费用金额填制在本栏中。

33 D. 到付费用总额（Total Collect Charges）。

以上所有内容不一定要全部填入航空运单，IATA 也并未反对在运单中写入其他所需的内容。但这种标准化的单证对航空货运经营人提高工作效率，促进航空货运业向电子商务的方向迈进有着积极的意义。

4. 空运舱单

空运舱单（Air Cargo Manifest）是航空运输中随附的文件，是向海关递交真实、无误反映所空运的货物情况的一份载货清单。只有在出航空分运单时，才需要制作空运舱单作为随机文件随附，空运舱单主要内容包括航空主运单号、航空分运单号、航班号、预计起飞时间、货物的详细资料、启运港、目的港等。一个主单下面可以有多个分运单，每一个分运单对应不同的发货人和不同的收货人，在这种情况下，从舱单上可以体现所有整票货物的拼货情况，也便于在目的港货站区分货物。

（二）任务实施

××× 国际货运代理公司航空货运部 Carl 根据货物托运信息，以及过磅、丈量得到的重量、体积信息，完成航空运单主单（见表 3-8）和空运舱单（见表 3-9）的填制。同时，由于该主单下包含两个分单，因此 Carl 制作了空运舱单。

表 3-8　　**航空运单主单**

999	CGO	7363 6352	999-7363 6352
Shipper's name and address × × × INTERNATIONAL FREIGHT FORWARDING CO., LTD ROOM × × ×, FLOOR X, BLOCK A, SHENGHUI CENTER, NO. 16, NONGYE ROAD EAST, JINSHUI DISTRICT, ZHENGZHOU, CHINA TEL: +86-371-× × × × × × ×		Account no.	NOT NEGOTIABLE AIR WAYBILL (AIR CONSIGNMENT NOTE) ISSUED BY Air China Cargo
Consignee's name and address H&U GLOBAL LOGISTICS BV DA COSTASTRAAT XX/X, XXX ZG AMSTERDAM, NL TEL: +31208 × × × × × ×		Account no.	It is agreed that the goods described herein are accepted in apparent good order and condition (except as noted) for carriage SUBJECT TO THE CONDITIONS OF CONTRACT ON THE REVERSE HEREOF, ALL GOODS MAY BE CARRIED BY ANY OTHER MEANS. INCLUDING ROAD OR ANY OTHER CARRIER UNLESS SPECIFIC CONTRARY INSTRUCTIONS ARE GIVEN HEREON BY THE SHIPPER. THE SHIPPER'S ATTENTION IS DRAWN TO THE NOTICE CONCERNING CARIER'S LIMITATION OF LIABILITY. Shipper may increase such limitation of liability by declaring a higher value of carriage and paying a supplemental charge if required.
Issuing Carrier's Agent and city			Accounting Information
Agent's IATA code		Account no.	
Airport of Departure (Add. of First Carrier) and Requested Routing ZHENGZHOU			

To AMS	By first Carrier	To	By	To	By	Currency CNY	CHGS code	Wt/Val PPD PP	Wt/Val COLL	Other PPD PP	Other COLL	Declared Value for Carriage NVD	Declared Value for Customs NCV

Airport of Destination AMSTERDAM	Flight/Date CA1090/12 JUN 2020	Amount of Insurance NIL	INSURANCE-If carrier offers insurance and such insurance is requested in accordance with the conditions thereof indicate amount to be insured in figures in box marked Amount of Insurance.

Handling Information

No. of Pieces	Gross Weight	Kg/lb	Rate Class	Commodity item no.	Chargeable Weight	Rate/Charge	Total	Nature and Quantity of Goods (incl. Dimensions or Volume)
120	1 170.0	K	Q		1 510.0	13.40	20 234.00	CONSOLIDATION CARGO AS PER MANIFEST AUTOMATIC SAVING WATER TAP AUTO SPARE PARTS DIMS: 44 cm × 30 cm × 45 cm × 60 CTNS 55 cm × 47 cm × 37 cm × 60 CTNS VOL: 9.059 cbm
120	1 170.0						20 234.00	

Prepaid	Weight Charge	Collect	Other Charges
20 234.00			AWC 50.00
Valuation Charge			
Tax			
Total Other Charges Due Agent			Shipper certifies that the particulars on the face hereof are correct and that insofar as any part of the consignment contains dangerous goods, such part is properly described by name and is in proper condition for carriage by air according to the applicable Dangerous Goods Regulations.
			× × × INTERNATIONAL FREIGHT FORW ARDING CO., LTD
Total Other Charges Due Carrier			Signature of Shipper or his agent
50.00			
Insurance Premium			
Total Prepaid		Total Collect	12 JUN 2020 ZHENGZHOU AIR CHINA CARGO
20 284.00			Executed on (Date) at (Place) Signature of issuing Carrier or as Agent
Currency Conversion Rates		CC Charges in destination Currency	
For Carrier's Use Only at Destination		Charges at Destination	Total Collect Charges　　999-7363 6352

表 3-9 空运舱单

CONSOL MANIFEST SUMMARY

MAWB NO. : 999–7363 6352　　PAGE : 1

PIECES : 120　　DATE : 11 JUN 2020

TOTAL WEIGHT : 1 170.0 KGS

DEPARTURE : CGO　　DESTINATION :AMS

DEP	DEST	HAWB NO	SHIPPER	CONSIGNEE	PCS	SLAC	WEIGHT（kg）	SHC	GOODS DESCRIPTION
CGO	AMS	CNL–5343 9587	ZHENGZHOU ×× TRADE CO., LTD NO.××, JINSHUI EAST ROAD, ZHENGDONG NEW DISTRICT, ZHENGZHOU, HENAN, CHINA TEL: 86–0371–××××××××	DUTCH NURENS MACHINERY BV JACOB OBRECHTSTRAAT ××–H, ×××× KE AMSTERDAM, NETHERLANDS TEL: 3120××××××	60		450.0		AUTOMATIC SAVING WATER TAP
CGO	AMS	CNL–5343 9588	ZHENGZHOU ×× AUTO PARTS CO., LTD NO.××, XINGDA ROAD, JINSHUI DISTRICT, ZHENGZHOU, HENAN, CHINA TEL: 86–0371–××××××××	ROSSI TRADE B.V. SINGAPORESTRAAT ××, ××× RA LIJNDEN, AMSTERDAM, NETHERLANDS TEL: 3120××××××	60		720.0		AUTO SPARE PARTS
TOTALS		2 HAWB			120		1 170.0		

二、制作航空运单分单

（一）任务资讯

航空运单的种类根据签发人不同可以分为航空主运单（Master Air Waybill，MAWB）和航空分运单（House Air Waybill，HAWB）。

航空主运单的签发人是航空承运方——航空公司。它是航空运输公司据以办理货物运输和交付的依据，是航空公司和托运人订立的运输合同。每一批航空运输的货物都有自己相对应的航空主运单，没有航空分运单的航空主运单也可以称为航空直接运单（即航空直单）。空运直单的收货人与有航空分运单的航空主运单收货人不同的是，空运直单的收货人为目的港的实际收货人（即为贸易合同中的买方），非直单航空主运单的收货人为集中发运目的港制定的航空货运代理公司。

航空分运单即集中托运人在办理集中托运业务时签发的航空运单。在集中托运的情况下，除了航空运输公司签发主运单外，集中托运人签发航空分运单。航空分运单是集中托运人与实际发货人（即国际贸易关系中的卖方，以下简称货主）之间的货物运输合同，合同双方分别为货 A、B 的货主和集中托运人；而航空主运单是航空运输公司与集中托运人之间的货物运输合同，当事人则为集中托运人和航空运输公司。货主与航空运输公司没有直接的契约关系。集中托运在实际业务中签发的为一主多分空运单。随着航空货运代理业务的发展，货主很少直接委托航空公司发运货物，都是通过航空货运代理公司办理航空运输业务，因此在没有集中托运的情况下通常签发一主一分空运单。

（二）任务实施

×××国际货运代理公司航空货运部 Carl 根据货物托运信息，以及过磅、丈量得到的重量、体积信息，完成航空运单分单草单的填制，见表 3-10。

表 3-10　　航空运单分单

CNL	CGO	5343 9587	CNL−5343 9587

Shipper's name and address ZHENGZHOU JIAHENG TRADE CO., LTD NO. × ×, JINSHUI EAST ROAD, ZHENGDONG NEW DISTRICT, ZHENGZHOU, HENAN, CHINA TEL:86−0371−× × × × × × × ×	Account no.	NOT NEGOTIABLE AIR WAYBILL (AIR CONSIGNMENT NOTE) ISSUED BY XXX INTERNATIONAL FREIGHT FORWARDING CO., LTD
Consignee's name and address DUTCH NURENS MACHINERY BV JACOB OBRECHTSTRAAT × ×−H, × × × × KE AMSTERDAM, NETHERLANDS TEL: 3120× × × × × × ×	Account no.	It is agreed that the goods described herein are accepted in apparent good order and condition (except as noted) for carriage SUBJECT TO THE CONDITIONS OF CONTRACT ON THE REVERSE HEREOF, ALL GOODS MAY BE CARRIED BY ANY OTHER MEANS. INCLUDING ROAD OR ANY OTHER CARRIER UNLESS SPECIFIC CONTRARY INSTRUCTIONS ARE GIVEN HEREON BY THE SHIPPER. THE SHIPPER'S ATTENTION IS DRAWN TO THE NOTICE CONCERNING CARIER'S LIMITATION OF LIABILITY. Shipper may increase such limitation of liability by declaring a higher value of carriage and paying a supplemental charge if required.
Issuing Carrier's Agent and city × × × INTERNATIONAL FREIGHT FORWARDING CO., LTD, CHINA Agent's IATA code / Account no. Airport of Departure (Add. of First Carrier) and Requested Routing ZHENGZHOU		Accounting Information

To AMS	By first Carrier CA	To	By	To	By	Currency CNY	CHGS code	Wt/Val PPD PP	Wt/Val COLL	Other PPD PP	Other COLL	Declared Value for Carriage NVD	Declared Value for Customs NCV

Airport of Destination AMSTERDAM	Flight/Date CA1090/12 JUN 2020	Amount of Insurance NIL	INSURANCE−If carrier offers insurance and such insurance is requested in accordance with the conditions thereof indicate amount to be insured in figures in box marked Amount of Insurance.

Handling Information

No. of Pieces	Gross Weight	Kg/lb	Rate Class		Chargeable Weight	Rate/Charge	Total	Nature and Quantity of Goods (incl. Dimensions or Volume)
60	450.0	K	Q	Commodity item no.	594.0	13.90	8 306.60	AUTOMATIC SAVING WATER TAP DIMS: 44 cm × 30 cm × 45 cm × 60 CTNS VOL: 3.564 cbm
60	450.0						8 306.60	

Prepaid	Collect	
Weight Charge		Other Charges
8 306.60		AWC 50.00
Valuation Charge		
Tax		
Total Other Charges Due Agent		Shipper certifies that the particulars on the face hereof are correct and that insofar as any part of the consignment contains dangerous goods, such part is properly described by name and is in proper condition for carriage by air according to the applicable Dangerous Goods Regulations.
Total Other Charges Due Carrier		ZHENGZHOU × × TRADE CO., LTD
50.00		Signature of Shipper or his agent
Insurance Premium		
Total Prepaid	Total Collect	
8 306.60		12 JUN 2020　ZHENGZHOU　× × × INTERNATIONAL FREIGHT FORWARDING CO., LTD
Currency Conversion Rates	CC Charges in destination Currency	Executed on (Date)　at (Place)　Signature of issuing Carrier or as Agent
For Carrier's Use Only at Destination	Charges at Destination	Total Collect Charges　　CNL−5343 9587

知识考核

一、单选题

1. 代理人以承运人的身份向托运人签发的运单为（　　）。

A. MWB　　B. HWB　　C. MB/L　　D. HB/L

2. 航空货运单 Not Negotiable 的意思是（　　）。

A. 航空业务权不可转让　　B. AWB 是不可转让的文件

C. AWB 上航程不可改变　　D. AWB 不可以在运输始发国以外销售

3. 由航空公司签发的航空运单均称为（　　）。

A. 航空分运单　　B. 航空主运单

C. 航空货运单　　D. 国内航空分运单

4. 由航空货运代理公司办理集中托运业务时签发给每一发货人的运单称为（　　）。

A. 航空分运单　　B. 航空主运单

C. 航空货运单　　D. 国内航空分运单

二、多选题

1. 航空货运单的种类包括（　　）。

A. MAWB　　B. HAWB　　C. AIR BILL　　D. AIR & LAND BILL

2. 下列选项属于航空货运单的主要作用是（　　）。

A. 保险证明

B. 承运人与托运人之间缔结货物运输的运输契约

C. 运费结算凭证及运费收据

D. 国际进出口货物办理清关的证明文件

三、判断题

1. 航空货运单一般分为可转让的航空货运单和不可转让的航空货运单。（　　）

2. 航空货运单是由托运人或者以托运人的名义填制，是托运人和承运人之间在承运人的航线上运输货物所订立的运输契约。（　　）

3. 由于航空货运单所填内容不准确、不完全，致使承运人或其他人遭受损失，托运人负有责任。(　　)

4. 航空货运单具有物权凭证功能。(　　)

技能训练

××× 国际货运代理公司航空货运部 Carl 收到河南 ××× 电器股份有限公司赵 ×× 部长发送的国际货物托运书，Carl 为此票货物预订了 CA7361 航班，请根据货物信息，填制航空运单分单（单号：CNL–7463 2299），见表 3–11。

发货人：HENAN ××× ELECTRIC APPLIANCE CO., LTD。

NO. ××, FENGXIANG STREET, ZHONGYUAN DISTRICT, ZHENGZHOU, HENAN, CHINA。

TEL: +86–182××××××××。

收货人：MXY COMPUTER CO., LTD。

LOBLAWS CITY MARKET, ×××× ARBUTUS ST, VANCOUVER, BC ××××××, CANADA。

TEL: +1604733××××。

始发机场：CGO（郑州新郑国际机场）。

目的机场：YVR（温哥华国际机场）。

航班时间：2020 年 6 月 19 日。

商品名称：计算机线路板（COMPUTER CIRCUIT BOAED）。

数量：180 片。

包装：2 纸箱。

净重：34 kg/ 箱。

毛重：36 kg/ 箱。

纸箱尺寸：45 cm × 30 cm × 25 cm。

贸易术语：CIP VANCOUVER。

结算方式：电汇。

随附文件：合同、发票、装箱单。

航空运价：20.4 元 /kg（包含燃油、战险）。

制单费（AWC）：50 元 / 票。

表 3-11 **空白航空运单**

Shipper's name and Address	Account no.	NOT NEGOTIABLE AIR WAYBILL (AIR CONSIGNMENT NOTE) ISSUED BY
Consignee's name and address	Account no.	It is agreed that the goods described herein are accepted in apparent good order and condition (except as noted) for carriage SUBJECT TO THE CONDITIONS OF CONTRACT ON THE REVERSE HEREOF, ALL GOODS MAY BE CARRIED BY ANY OTHER MEANS. INCLUDING ROAD OR ANY OTHER CARRIER UNLESS SPECIFIC CONTRARY INSTRUCTIONS ARE GIVEN HEREON BY THE SHIPPER. THE SHIPPER'S ATTENTION IS DRAWN TO THE NOTICE CONCERNING CARIER'S LIMITATION OF LIABILITY. Shipper may increase such limitation of liability by declaring a higher value of carriage and paying a supplemental charge if required.
Issuing Carrier's Agent and city		Accounting Information
Agent's IATA code	Account no.	
Airport of Departure (Add. of First Carrier) and Requested Routing ZHENGZHOU		

To	By first Carrier	To	By	To	By	Currency CNY	CHGS code	Wt/Val PPD	Wt/Val COLL	Other PPD	Other COLL	Declared Value for Carriage	Declared Value for Customs

Airport of Destination	Flight/Date	Amount of Insurance	INSURANCE—If carrier offers insurance and such insurance is requested in accordance with the conditions thereof indicate amount to be insured in figures in box marked Amount of Insurance.

Handling Information

No. of Pieces	Gross Weight	Kg/lb	Rate Class	Chargeable Weight	Rate/Charge	Total	Nature and Quantity of Goods (incl. Dimensions or Volume)
			Commodity item no.				

Prepaid	Weight Charge	Collect	
			Other Charges
	Valuation Charge		
	Tax		
	Total Other Charges Due Agent		Shipper certifies that the particulars on the face hereof are correct and that insofar as any part of the consignment contains dangerous goods, such part is properly described by name and is in proper condition for carriage by air according to the applicable Dangerous Goods Regulations.
	Total Other Charges Due Carrier		
	Insurance Premium		Signature of Shipper or his agent
Total Prepaid		Total Collect	
Currency Conversion Rates		CC Charges in destination Currency	Executed on (Date) at (Place) Signature of issuing Carrier or as Agent
For Carrier's Use Only at Destination		Charges at Destination	Total Collect Charges

学习单元 3

出口申报

任务目标

- 能根据客户报关委托书、货物品名、HS 编码和申报要素等信息向海关进行报关申请。
- 能依据海关查验要求协助海关完成货物查验。
- 能在海关放行后，向民航柜台交付合格的随机文件。

聚焦情境

郑州 ×× 贸易有限公司 Warren 将一票空运出口至荷兰阿姆斯特丹的货物委托 ××× 国际货运代理公司运输，××× 国际货运代理公司航空货运部 Carl 完成订舱并将进仓单发给 Warren 后，Warren 安排了司机与车辆在进仓单规定时间内将货物送到了货站。货物完成安检、过磅、丈量后，Carl 根据货物信息签发了航空运单主单、空运舱单与航空运单分单，见表 3–12 ~ 表 3–14。

表 3-12　　航空运单主单

999	CGO	7363 6352	999-7363 6352
Shipper's name and Address		Account no.	NOT NEGOTIABLE AIR WAYBILL (AIR CONSIGNMENT NOTE) ISSUED BY Air China Cargo
× × × INTERNATIONAL FREIGHT FORWARDING CO., LTD ROOM × × ×, FLOOR ×, BLOCK A, SHENGHUI CENTER, NO. 16, NONGYE ROAD EAST, JINSHUI DISTRICT, ZHENGZHOU, CHINA TEL: +86-371-× × × × × × ×			
Consignee's name and address		Account no.	It is agreed that the goods described herein are accepted in apparent good order and condition (except as noted) for carriage SUBJECT TO THE CONDITIONS OF CONTRACT ON THE REVERSE HEREOF, ALL GOODS MAY BE CARRIED BY ANY OTHER MEANS. INCLUDING ROAD OR ANY OTHER CARRIER UNLESS SPECIFIC CONTRARY INSTRUCTIONS ARE GIVEN HEREON BY THE SHIPPER. THE SHIPPER'S ATTENTION IS DRAWN TO THE NOTICE CONCERNING CARIER'S LIMITATION OF LIABILITY. Shipper may increase such limitation of liability by declaring a higher value of carriage and paying a supplemental charge if required.
H&U GLOBAL LOGISTICS BV DA COSTASTRAAT × × / ×, × × × × ZG AMSTERDAM, NL TEL: +31208 × × × × × ×			
Issuing Carrier's Agent and city			Accounting Information
Agent's IATA code	Account no.		
Airport of Departure (Add. of First Carrier) and Requested Routing ZHENGZHOU			

To	By first Carrier	To	By	To	By	Currency	CHGS code	Wt/Val		Other		Declared Value for Carriage	Declared Value for Customs
								PPD PP	COLL	PPD PP	COLL		
AMS	CA					CNY						NVD	NCV

Airport of Destination	Flight/Date	Amount of Insurance	INSURANCE-If carrier offers insurance and such insurance is requested in accordance with the conditions thereof indicate amount to be insured in figures in box marked Amount of Insurance.
AMSTERDAM	CA1090/12 JUN 2020	NIL	

Handling Information

No. of Pieces	Gross Weight	Kg/lb	Rate Class	Commodity item no.	Chargeable Weight	Rate/Charge	Total	Nature and Quantity of Goods (incl. Dimensions or Volume)
120	1 170.0	K	Q		1 510.0	13.40	20 234.00	CONSOLIDATION CAGO AS PER MANIFEST AUTOMATIC SAVING WATER TAP AUTO SPARE PARTS DIMS: 44 cm × 30 cm × 45 cm × 60 CTNS 55 cm × 47 cm × 37 cm × 60 CTNS VOL: 9.059 cbm
120	1 170.0						20 234.00	

Prepaid	Weight Charge	Collect	Other Charges
20 234.00			AWC 50.00
Valuation Charge			
Tax			
Total Other Charges Due Agent			Shipper certifies that the particulars on the face hereof are correct and that insofar as any part of the consignment contains dangerous goods, such part is properly described by name and is in proper condition for carriage by air according to the applicable Dangerous Goods Regulations.
Total Other Charges Due Carrier			× × × INTERNATIONAL FREIGHT FORWARDING CO., LTD
50.00			Signature of Shipper or his agent
Insurance Premium			
Total Prepaid	Total Collect		12 JUN 2020　ZHENGZHOU　AIR CHINA CARGO
20 284.00			Executed on (Date)　at (Place)　Signature of issuing Carrier or as Agent
Currency Conversion Rates	CC Charges in des. Currency		
For Carrier's Use Only at Destination	Charges at Destination	Total Collect Charges	999-7363 6352

表 3–13 空运舱单

CONSOL MANIFEST SUMMARY

MAWB NO. : 999–7363 6352 PAGE : 1

PIECES : 120 DATE : 11 JUN 2020

TOTAL WEIGHT : 1 170.0 KGS

DEPARTURE : CGO DESTINATION :AMS

DEP	DEST	HAWB NO	SHIPPER	CONSIGNEE	PCS	SLAC	WEIGHT（kg）	SHC	GOODS DESCRIPTION
CGO	AMS	CNL–5343 9587	ZHENGZHOU ×× TRADE CO., LTD NO.××, JINSHUI EAST ROAD, ZHENGDONG NEW DISTRICT, ZHENGZHOU, HENAN, CHINA TEL:86–0371–××××××××	DUTCH NURENS MACHINERY BV JACOB OBRECHTSTRAAT ××–H, ××××KE AMSTERDAM, NETHERLANDS TEL: 3120××××××	60		450.0		AUTOMATIC SAVING WATER TAP
CGO	AMS	CNL–5343 9588	ZHENGZHOU TIANMEI AUTO PARTS CO., LTD NO.××, XINGDA ROAD, JINSHUI DISTRICT, ZHENGZHOU, HENAN, CHINA TEL:86–0371–××××××××	ROSSI TRADE B.V. SINGAPORESTRAAT ××, ××× RA LIJNDEN, AMSTERDAM, NETHERLANDS TEL: 3120×××××	60		720.0		AUTO SPARE PARTS
TOTALS		2 HAWB			120		1 170.0		

表 3-14 **航空运单分单**

CNL	CGO	5343 9587	CNL-5343 9587

Shipper's name and Address	Account no.	NOT NEGOTIABLE AIR WAYBILL (AIR CONSIGNMENT NOTE) ISSUED BY XXX INTERNATIONAL FREIGHT FORWARDING CO., LTD
ZHENGZHOU ×× TRADE CO., LTD NO.××, JINSHUI EAST ROAD, ZHENGDONG NEW DISTRICT, ZHENGZHOU, HENAN, CHINA TEL: 86-0371-×××××××		
Consignee's name and address	Account no.	It is agreed that the goods described herein are accepted in apparent good order and condition (except as noted) for carriage SUBJECT TO THE CONDITIONS OF CONTRACT ON THE REVERSE HEREOF, ALL GOODS MAY BE CARRIED BY ANY OTHER MEANS. INCLUDING ROAD OR ANY OTHER CARRIER UNLESS SPECIFIC CONTRARY INSTRUCTIONS ARE GIVEN HEREON BY THE SHIPPER. THE SHIPPER'S ATTENTION IS DRAWN TO THE NOTICE CONCERNING CARIER'S LIMITATION OF LIABILITY. Shipper may increase such limitation of liability by declaring a higher value of carriage and paying a supplemental charge if required.
DUTCH NURENS MACHINERY BV JACOB OBRECHTSTRAAT ××-H, ×××× KE AMSTERDAM, NETHERLANDS TEL: 3120××××××		
Issuing Carrier's Agent and city ××× INTERNATIONAL FREIGHT FORWARDING CO., LTD, CHINA		Accounting Information
Agent's IATA code	Account no.	
Airport of Departure (Add. of First Carrier) and Requested Routing ZHENGZHOU		

To	By first Carrier	To	By	To	By	Currency	CHGS code	Wt/Val PPD PP	Wt/Val COLL	Other PPD PP	Other COLL	Declared Value for Carriage	Declared Value for Customs
AMS	CA					CNY						NVD	NCV

Airport of Destination	Flight/Date	Amount of Insurance	INSURANCE-If carrier offers insurance and such insurance is requested in accordance with the conditions thereof indicate amount to be insured in figures in box marked Amount of Insurance.
AMSTERDAM	CA1090/12 JUN 2020	NIL	

Handling Information

No. of Pieces	Gross Weight	Kg/lb	Rate Class	Commodity item no.	Chargeable Weight	Rate/Charge	Total	Nature and Quantity of Goods (incl. Dimensions or Volume)
60	450.0	K	Q		594.0	13.90	8 306.60	AUTOMATIC SAVING WATER TAP DIMS: 44 cm×30 cm×45 cm×60 CTNS VOL: 3.564 cbm
60	450.0						8 306.60	

Prepaid	Collect	
Prepaid Freight Weight Charge Collect		Other Charges AWC 50.00
8 306.00		
Valuation Charge		
Tax		
Total Other Charges Due Agent		Shipper certifies that the particulars on the face hereof are correct and that insofar as any part of the consignment contains dangerous goods, such part is properly described by name and is in proper condition for carriage by air according to the applicable Dangerous Goods Regulations.
Total Other Charges Due Carrier		
50.00		ZHENGZHOU ×× TRADE CO., LTD Signature of Shipper or his agent
Insurance Premium		
Total Prepaid	Total Collect	
8 306.60		12 JUN 2020 ZHENGZHOU ××× INTERNATIONAL FREIGHT FORWARDING CO., LTD Executed on (Date) at (Place) Signature of issuing Carrier or as Agent
Currency Conversion Rates	CC Charges in des. Currency	

For Carrier's Use Only at Destination	Charges at Destination	Total Collect Charges	CNL-5343 9587

任务发布

郑州××贸易有限公司 Warren 将合同、装箱单、发票、报关委托书、申报要素等信息发给×××国际货运代理公司，委托×××国际货运代理公司代理此票货物的出口报关业务。合同如下。

CONTRACT
(ORIGINAL)

Contract No: LD2020050082
Signing Date: 27, May 2020

卖方 The Seller:
Zhengzhou ×× Trade Co., Ltd
地址 Address:
No.××, Jinshui East Road, Zhengdong New District, Zhengzhou, Henan, China
电话 TEL:86-0371-×××××××× 传真 FAX: 86-0371-××××××××

买方 The Buyer:
Dutch Nurens Machinery BV
地址 Address:
Jacob Obrechtstraat ××-H, ×××× KE Amsterdam, Netherlands
电话 TEL: 3120××××××

经卖方与买方自愿、平等协商，双方根据中华人民共和国相关法律法规订立本合同，以资共同信守：
Through voluntary and equal negotiation between the supplier and the buyer, both parties have entered into this contract in accordance with relevant laws and regulations of the People's Republic of China in order to jointly abide by it:
一、本合同仅限用于双方买卖之目的，不得用于其他目的之使用，包括但不限于保理、担保、融资等。
Ⅰ. This contract is only used for the purpose of both parties purchase and sale, and shall not be used for other purposes, including but not limited to factoring, guarantee, financing, etc.
二、卖方同意出售，且买方同意购买本合同约定的下列产品：
Ⅱ. The Supplier agrees to sell and the Buyer agrees to purchase the following products as agreed in this Contract:

（1）货物名称 Description of commodity	（2）规格 Specification	（3）数量 Quantity	（4）单价 Unit Price	（5）总值 Total Amount
自动节水水龙头 Automatic Saving Water Tap	HZ-JSNF-05 型	1 800 Set	DAP Amsterdam USD 12.24/Set	USD 22 032.00
Total Amount: SAY US DOLLARS TWENTY-TWO THOUSAND AND THIRTY TWO ONLY				

（6）包装：纸箱
Packing term: IN CARTON
（7）唛头：N/M
Shipping Marks: N/M
（8）装运口岸：ZHENGZHOU, CHINA
Port of Loading: ZHENGZHOU, CHINA

续表

（9）目的口岸：AMSTERDAM, NETHERLANDS
Port of Destination: AMSTERDAM, NETHERLANDS
（10）装运期限：收到合同款后 6 月 20 号前发货 2 000 套
Delivery date: Two thousand sets will be delivered before June 20 after receiving the contract payment
（11）保险：由卖方办理
Insurance: To be effected by the seller
（12）付款条件：电汇
Terms of Payment: T/T
（13）文件：卖方将提供工厂检测报告给到买方
Document: The seller will provide factory test report to the buyer

（14）品质与数量、重量的异议与索赔：货物到目的口岸后，买方若发现货物的品质 / 或数量 / 重量与合同规定不符，除属于保险公司及 / 或船公司的责任外，买方可以凭双方同意的检查机构出具的检验证明向卖方提出异议，品质异议须于货物到目的口岸之日起 30 天内提出，数量 / 重量异议须于货物到目的口岸之日起 15 天内提出。卖方应于收到异议后 30 天内答复买方。

Quality/Quantity/Weight Discrepancy and Claim: In case the quality and / or quantity/ weight / are found by the Buyer to be not in conformity with the Contract after arrival of the goods at the port of destination, the Buyer may lodge claim with Seller supported by survey report issued by an inspection organization agreed upon by both parties, with the exception, however, of those claims for which the insurance company and / or the shipping company are to be held responsible. The Buyer should file claim for quality discrepancy within 30 days after arrival of the goods at the port of destination. While for quantity/weight discrepancy claim the Buyer should file within 15 days after arrival of the goods at the port of destination. The seller shall within 30 days after receipt of the notification of the claim, send reply to the Buyer.

（15）人力不可抗拒：由于人力不可抗拒事故，使卖方不能在本合同规定的期限内交货或不能交货，卖方不负责任。但卖方必须立即以传真方式通知买方。若买方提出要求，卖方应以挂号函向买方提供由中国国际贸易促进委员会或有关机构出具的发生事故的证明文件。

Force Majeure: All in case of Force Majeure, the Seller shall not be held responsible for late delivery or non–delivery of the goods but shall notify the Buyer by Fax. The Seller shall deliver to the Buyer by registered mail, if so requested by the Buyer, a certificate issued by the China Council for the Promotion of International Trade or any competent authorities.

（16）仲裁：凡因执行本合同或与本合同有关事项所发生的一切争执，应由双方通过友好方式协商解决。若不能取得协议时，应提交中国国际贸易促进委员会对外仲裁委员会，根据该仲裁委员会的仲裁程序暂行规定进行仲裁，仲裁裁决是终局的，对双方都有约束力。仲裁费用除非仲裁机构另有决定外，均由败诉方负担。

All disputes arising from the execution of this contract or matters related to this contract shall be settled by both parties through friendly negotiation. If no agreement can be reached, it shall be submitted to the foreign arbitration commission of the China Council for the promotion of international trade for arbitration in accordance with the Interim Provisions of the arbitration procedures of the Commission. The arbitral award shall be final and binding on both parties. The arbitration fee shall be borne by the losing party unless otherwise determined by the arbitration institution.

（17）本合同一式 2 份，卖方持 1 份，买方持 1 份，具有同等法律效力，自双方签字并盖章后生效（本合同英译文仅供参考，如有歧义，应以中文版本为准）。

This contract is made in duplicate, one for the supplier and one for the buyer, with the same legal effect, and shall come into effect after both parties sign and stamp it (English translation of this contract is for reference only, in case of any ambiguity, the Chinese version shall prevail).

卖方： Seller: Zhengzhou Jiaheng Trade Co., Ltd	买方： Buyer: Dutch Nurens Machinery BV
盖章： Seal:	盖章： Seal:

发票如下。

COMMERCIAL INVOICE

Date: 05/06/2020　　　　Invoice No.: LD0731

SELLER:	Zhengzhou ×× Trade Co., Ltd	BUYER:	Dutch Nurens Machinery BV
Address:	No.××, Jinshui East Road, Zhengdong New District, Zhengzhou, Henan, China	Address:	Jacob Obrechtstraat ××-H, ×××× KE Amsterdam, Netherlands
Contact:	Warren	Contact:	Garfield
Email:	Warren@Jiaheng.com.cn	Email:	Garfield@Nurens.com
Tel:	86-0371-××××××××	Tel:	3120××××××

Mark	Name of commodity &Description	Quantity (SETS)	Unit price (USD)	Amount (USD)
N/M	Automatic Saving Water Tap	1 800	12.24	22 032.00
TOTAL				**22 032.00**

Delivery Terms: DAP AMSTERDAM
Origin of goods: CHINA

Zhengzhou ×× Trade Co., Ltd

装箱单如下。

PACKING LIST

Date: 05/06/2020　　　　Invoice No.: LD0731

SELLER:	Zhengzhou ×× Trade Co., Ltd	BUYER:	Dutch Nurens Machinery BV
Address:	No.××, Jinshui East Road, Zhengdong New District, Zhengzhou, Henan, China	Address:	Jacob Obrechtstraat ××-H, ×××× KE Amsterdam, Netherlands
Contact:	Warren	Contact:	Garfield
Email:	Warren@Jiaheng.com.cn	Email:	Garfield@Nurens.com
Tel:	86-0371-××××××××	Tel:	3120×××××××

Carton No.	Name of Commodity & Description	CTNS	Quantity (Sets)	G.W. (KG)	N.W. (KG)	Measurement (CBM)
1-80	Automatic Saving Water Tap	60	2 000	450.0	210.0	3.564
TOTAL		**60**	**2 000**	**450.0**	**210.0**	**3.564**

Zhengzhou ×× Trade Co., Ltd

代理报关委托书如下。

代理报关委托书

编号：00450××××××

我单位现 A（A逐票、B长期）委托贵公司代理 AB 等通关事宜。（A填单申报、B辅助查验、C垫缴税款、D办理海关证明联、E审批手册、F核销手册、G申报减免税手续、H其他）详见委托报关协议。

我单位保证遵守《中华人民共和国海关法》和国家有关法规，保证所提供的情况真实、完整、单货相符。无侵犯他人知识产权的行为。否则，愿承担相关法律责任。

本委托书有效期自签字之日起至 2020 年 9 月 10 日止。

委托方（盖章）：

法定代表人或其授权签署代理报关委托书的人（签字）

2020 年 6 月 9 日

委托报关协议

为明确委托报关具体事项和各自责任，双方经平等协商签订协议如下：

委托方	郑州××贸易有限公司	被委托方	×××国际货运代理公司	
主要货物名称	自动节水水龙头	*报关单编码	No.	
HS 编码	8481809000	收到单证日期	2020 年 6 月 9 日	
货物总价	USD 22 032.00	收到单证情况	合同☑	发票☑
进出口日期	2020 年 6 月 12 日		装箱清单☑	提（运）单□
提单号	999-7363 6352 CNL-5343 9587		加工贸易手册□	许可证件□
贸易方式	一般贸易		其他	
原产地 / 货源地		报关收费	人民币： 元	
其他要求：		承诺说明：		
背面所列通用条款是本协议不可分割的一部分，对本协议的签署构成了对背面通用条款的同意。		背面所列通用条款是本协议不可分割的一部分，对本协议的签署构成了对背面通用条款的同意。		
委托方业务签章： 经办人签章：李×× 联系电话：139×××××××× 2020 年 6 月 9 日		被委托方业务签章： 经办报关员签章：王× 联系电话：180×××××××× 2020 年 6 月 9 日		

（白联：海关留存、黄联：被委托方留存、红联：委托方留存）

中国报关协会监制

申报要素如下。

HS CODE：8481809000

1. 品名：自动节水水龙头
2. 用途：阀门龙头用
3. 品牌：达达牌
4. 型号：HZ-JSNF-05 型

任务分析

任务分析如图 3–5 所示。

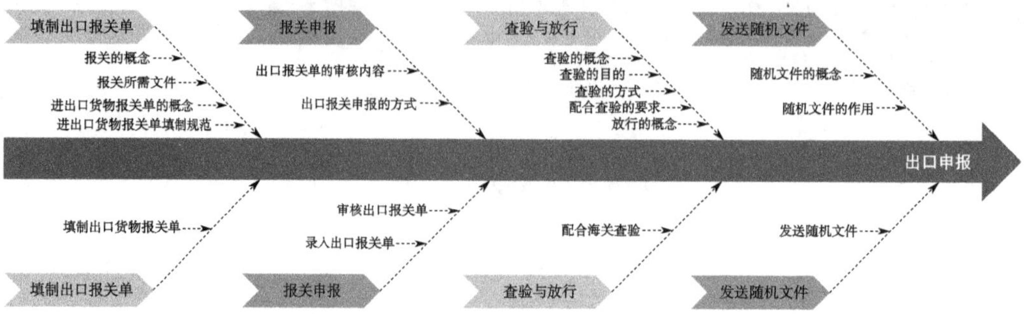

图 3–5　任务分析鱼骨图

任务实施

一、填制出口报关单

（一）任务资讯

1. 报关的概念

报关是指进出口货物装船出运前，向海关申报的手续。按照《中华人民共和国海关法》（以下简称《海关法》）规定，凡是进出国境的货物，必须经由设有海关的港口、车站、国际航空站，并由货物所有人向海关申报，经过海关放行后，货物才可提取或者装船出口。

2. 报关所需文件

一般贸易无监管商品准备出口报关文件包括代理报关委托协议、发票、箱单、合同等。

代理报关委托书模板如下。

代理报关委托书

编号：

我单位现 ××（A 逐票、B 长期）委托贵公司代理 ×× 等通关事宜。（A 填单申报、B 辅助查验、C 垫缴税款、D 办理海关证明联、E 审批手册、F 核销手册、G 申报减免税手续、H 其他）详见委托报关协议。

我单位保证遵守《中华人民共和国海关法》和国家有关法规，保证所提供的情况真实、完整、单货相符。无侵犯他人知识产权的行为。否则，愿承担相关法律责任。

本委托书有效期自签字之日起至　　年　月　日止。

委托方（盖章）：

法定代表人或其授权签署代理报关委托书的人（签字）

年　月　日

委托报关协议

为明确委托报关具体事项和各自责任，双方经平等协商签订协议如下：

委托方		被委托方		
主要货物名称		* 报关单编码	No.	
HS 编码		收到单证日期	年　月　日	
货物总价		收到单证情况	合同	发票
进出口日期	年　月　日		装箱清单	提（运）单□
提单号			加工贸易手册	许可证件
贸易方式			其他	
原产地 / 货源地		报关收费	人民币：　元	

其他要求：	承诺说明：
背面所列通用条款是本协议不可分割的一部分，对本协议的签署构成了对背面通用条款的同意。	背面所列通用条款是本协议不可分割的一部分，对本协议的签署构成了对背面通用条款的同意。
委托方业务签章： 经办人签章： 联系电话： 年　月　日	被委托方业务签章： 经办报关员签章： 联系电话： 年　月　日

（白联：海关留存；黄联：被委托方留存；红联：委托方留存）

中国报关协会监制

*** 小提示 ***

为强化企业守法管理和完善风险管理运行机制、推进随附单证电子化、完善海关作业无纸化模式与通关流程，“单一窗口”标准版电子代理报关委托系统利用电子签名、认证签名等手段，实现安全有效的报关委托信息化管理，为企业提供在线签订委托协议、发起/确认委托申请、管理委托关系、查询统计等功能。

代理报关的委托方、被委托方，都可以在本系统内发起委托申请/协议，由另外一方进行确认操作。

被委托方（报关企业）主动发起委托申请/协议后，需要由委托方（境内收发货人）进行确认，委托方可开启自动确认功能。

委托方（境内收发货人）主动发起委托申请/协议后，需要由被委托方（报关企业）进行确认。

3. 进出口货物报关单的概念

进出口货物报关单是指进出口货物收发货人或其代理人，按照海关规定的格式对进出口货物的实际情况做出书面申明，以此要求海关对其货物按适用的海关制度办理通关手续的法律文书。它在对外经济贸易活动中具有十分重要的法律地位。它既是海关监管、征税、统计以及开展稽查和调查的重要依据，又是加工贸易进出口货物核销，以及出口退税和外汇管理的重要凭证，也是海关处理走私、违规案件，及税务、外汇管理部门查处骗税和套汇犯罪活动的重要证书。

4. 进出口货物报关单填制规范

进出口报关单是在国际贸易“单一窗口”申报完成后系统按照申报信息自动生成的，为了保证填写申报信息准确无误，在正式申报前会按照海关系统生成的进出口报关单格式填制报关单草单，方便进行审核和在单一窗口填制信息时对照录入。空白出口报关单格式见表 3-15。

“中华人民共和国海关进（出）口货物报关单”在本规范中采用“报关单”“进口报关单”“出口报关单”的提法。报关单各栏目的填制规范如下。

（1）境内收发货人

填报在海关备案的对外签订并执行进出口贸易合同的中国境内法人、其他组织名称及编码。编码填报 18 位法人和其他组织统一社会信用代码，没有统一社会信用代码的，填报其在海关的备案编码。

（2）进出境关别

根据货物实际进出境的口岸海关，填报海关规定的“关区代码表”中相应口岸海关的名称及代码。

表 3-15

空白出口报关单

中华人民共和国海关出口货物报关单

预录入编号：　　　　海关编号：　　　　页码 / 页数：

境内发货人	出境关别		出口日期		申报日期		备案号
境外收货人	运输方式		运输工具名称及航次号		提运单号		
生产销售单位	监管方式		征免性质		许可证号		
合同协议号	贸易国（地区）		运抵国（地区）		指运港		
包装种类	件数	毛重（kg）	净重（kg）	成交方式	运费	保费	杂费
随附单证 随附单证 1：　　随附单证 2：							
标记唛码及备注：							

项号	商品编号	商品名称及规格型号	数量及单位	单价 / 总价 / 币制	原产国（地区）	最终目的国（地区）	境内货源地	征免
1								
2								
3								
4								
5								

特殊关系确认：	价格影响确认：	支付特许权使用费确认：	自报自缴：	
申报人员	申报人员证号	电话	兹申明以上内容承担如实申报、依法纳税之法律责任	海关批注及签章
申报单位			申报单位（签章）	

（3）备案号

填报进出口货物收发货人、消费使用单位、生产销售单位在海关办理加工贸易合同备案或征、减、免税审核确认等手续时，海关核发的“加工贸易手册”、海关特殊监管区域和保税监管场所保税账册、“征免税证明”或其他备案审批文件的编号。一份报关单只允许填报一个备案号。

（4）境外收发货人

非互认国家（地区）AEO企业等其他情形，编码免于填报。境外收货人通常指签订并执行出口贸易合同中的买方或合同指定的收货人，境外发货人通常指签订并执行进口贸易合同中的卖方。填报境外收发货人的名称及编码。名称一般填报英文名称，检验检疫要求填报其他外文名称的，在英文名称后填报，以半角括号分隔；对于AEO互认国家（地区）企业的，编码填报AEO编码，填报样式按照海关总署发布的相关公告要求填报（如新加坡AEO企业填报样式为：SG123456789012，韩国AEO企业填报样式为KR1234567，具体见相关公告要求）。

（5）货物存放地点—进口

填报货物进境后存放的场所或地点，包括海关监管作业场所、分拨仓库、定点加工厂、隔离检疫场、企业自有仓库等。

（6）消费使用单位—进口

消费使用单位填报已知的进口货物在境内的最终消费、使用单位的名称，包括：1）自行进口货物的单位；2）委托进出口企业进口货物的单位。

（7）生产销售单位—出口

生产销售单位填报出口货物在境内的生产或销售单位的名称，包括自行出口货物的单位和委托进出口企业出口货物的单位。

（8）许可证号

填报进（出）口许可证、两用物项和技术进（出）口许可证、两用物项和技术出口许可证（定向）、纺织品临时出口许可证、出口许可证（加工贸易）、出口许可证（边境小额贸易）的编号。一份报关单只允许填报一个许可证号。

（9）启运港—进口

填报进口货物在运抵我国关境前的第一个境外装运港。

（10）合同协议号

填报进出口货物合同（包括协议或订单）编号。未发生商业性交易的免予填报。

（11）贸易国（地区）

发生商业性交易的进口填报购自国（地区），出口填报售予国（地区）。未发生商业性交易的填报货物所有权拥有者所属的国家（地区）。

（12）启运国（地区）—进口

启运国（地区）填报进口货物起始发出直接运抵我国或者在运输中转国（地）未发生任何商业性交易的情况下运抵我国的国家（地区）。经过第三国（地区）转运的进出口货物，如在中转国（地区）发生商业性交易，则以中转国（地区）作为启运 / 运抵国（地区）。

（13）运抵国（地区）—出口

运抵国（地区）填报出口货物离开我国关境直接运抵或者在运输中转国（地区）未发生任何商业性交易的情况下最后运抵的国家（地区）。经过第三国（地区）转运的进出口货物，如在中转国（地区）发生商业性交易，则以中转国（地区）作为启运 / 运抵国（地区）。

（14）经停港—进口

经停港填报进口货物在运抵我国关境前的最后一个境外装运港。

（15）指运港—出口

指运港填报出口货物运往境外的最终目的港；最终目的港不可预知的，按尽可能预知的目的港填报。

（16）入境口岸—进口

入境口岸填报进境货物从跨境运输工具卸离的第一个境内口岸的中文名称及代码；采取多式联运跨境运输的，填报多式联运货物最终卸离的境内口岸中文名称及代码；过境货物填报货物进入境内的第一个口岸的中文名称及代码；从海关特殊监管区域或保税监管场所进境的，填报海关特殊监管区域或保税监管场所的中文名称及代码。其他无实际进境的货物，填报货物所在地的城市名称及代码。按海关规定的“国内口岸编码表”选择填报相应的境内口岸名称及代码。

（17）离境口岸—出口

出境口岸填报装运出境货物的跨境运输工具离境的第一个境内口岸的中文名称及代码；采取多式联运跨境运输的，填报多式联运货物最初离境的境内口岸中文名称及代码；过境货物填报货物离境的第一个境内口岸的中文名称及代码；从海关特殊监管区域或保税监管场所出境的，填报海关特殊监管区域或保税监管场所的中文名称及代码。其他无实际出境的货物，填报货物所在地的城市名称及代码。按海关规定的“国内口岸编码表”选择填报相应的境内口岸名称及代码。

（18）包装种类

填报进出口货物的所有包装材料，包括运输包装和其他包装，按海关规定的“包装种类代码表”选择填报相应的包装种类名称及代码。运输包装指提运单所列货物件数单位对应的包装，其他包装包括货物的各类包装，以及植物性铺垫材料等。

（19）件数

填报进出口货物运输包装的件数（按运输包装计）。特殊情况填报要求如下：舱单件数为集装箱的，填报集装箱个数；舱单件数为托盘的，填报托盘数。不得填报“0”，裸装货物填报“1”。

（20）毛重（kg）

填报进出口货物及其包装材料的重量之和，计量单位为 kg，不足 1 kg 的填报“1”。

（21）净重（kg）

填报进出口货物的毛重减去外包装材料后的重量，即货物本身的实际重量，计量单位为 kg，不足 1 kg 的填报“1”。

（22）成交方式

根据进出口货物实际成交价格条款，按海关规定的“成交方式代码表”选择填报相应的成交方式代码。无实际进出境的货物，进口填报 CIF，出口填报 FOB。

（23）运费

填报进口货物运抵我国境内输入地点起卸前的运输费用，出口货物运至我国境内输出地点装载后的运输费用。运费可按运费单价、总价或运费率三种方式之一填报，注明运费标记（运费标记“1”表示运费率，“2”表示每吨货物的运费单价，“3”表示运费总价），并按海关规定的“货币代码表”选择填报相应的币种代码。

（24）保费

填报进口货物运抵我国境内输入地点起卸前的保险费用，出口货物运至我国境内输出地点装载后的保险费用。保费可按保险费总价或保险费率两种方式之一填报，注明保险费标记（保险费标记“1”表示保险费率，“3”表示保险费总价），并按海关规定的“货币代码表”选择填报相应的币种代码。

（25）杂费

填报成交价格以外的、按照《中华人民共和国进出口关税条例》（以下简称《进出口关税条例》）相关规定应计入完税价格或应从完税价格中扣除的费用。可按杂费总价或杂费率两种方式之一填报，注明杂费标记（杂费标记“1”表示杂费率，“3”表示杂费总价），并按海关规定的“货币代码表”选择填报相应的币种代码。应计入完税价格的杂费填报为正值或正率，应从完税价格中扣除的杂费填报为负值或负率。

（26）随附单证及编号

本栏目分为随附单证代码和随附单证编号两栏，其中代码栏按海关总署规定的“监管证件代码表”和“随附单据代码表”选择填报相应证件代码；随附单证编号栏填报证件编号。

（27）标记唛码及备注

标记唛码中除图形以外的文字、数字，无标记唛码的填报 N/M。

（28）项号

分两行填报。第一行填报报关单中的商品顺序编号；第二行填报“备案序号”，专用于加工贸易及保税、减免税等已备案、审批的货物，填报该项货物在《加工贸易手册》或征免税证明等备案、审批单证中的顺序编号。有关优惠贸易协定项下报关单填制要求按照海关总署相关规定执行。

（29）商品编号

填报由 13 位数字组成的商品编号。前 8 位为《中华人民共和国进出口税则》（以下简称《进出口税则》）和《中华人民共和国海关统计商品目录》（以下简称《海关统计商品目录》）确定的编码；9、10 位为监管附加编号，11 ~ 13 位为检验检疫附加编号。

（30）商品名称及规格型号

分两行填报。第一行填报进出口货物规范的中文商品名称，第二行填报规格型号。

（31）品牌类型

品牌类型为必填项目。可选择“无品牌”“境内自主品牌”“境内收购品牌”“境外品牌（贴牌生产）”“境外品牌（其他）”进行如实填报。其中，“境内自主品牌”是指由境内企业自主开发、拥有自主知识产权的品牌；“境内收购品牌”是指境内企业收购的原境外品牌；“境外品牌（贴牌生产）”是指境内企业代工贴牌生产中使用的境外品牌；“境外品牌（其他）”是指除代工贴牌生产以外使用的境外品牌。

（32）出口享惠情况

出口享惠情况为出口报关单必填项目。可选择“出口货物在最终目的国（地区）不享受优惠关税”“出口货物在最终目的国（地区）享受优惠关税”“出口货物不能确定在最终目的国（地区）享受优惠关税”进行如实填报。进口货物报关单不填报该申报项。

（33）数量及单位

分三行填报。第一行按进出口货物的法定第一计量单位填报数量及单位，法定计量单位以《海关统计商品目录》中的计量单位为准。凡列明有法定第二计量单位的，在第二行按照法定第二计量单位填报数量及单位。无法定第二计量单位的，第二行为空。成交计量单位及数量填报在第三行。

（34）单价

填报同一项号下进出口货物实际成交的商品单位价格。无实际成交价格的，填报单位货值。

（35）总价

填报同一项号下进出口货物实际成交的商品总价格。无实际成交价格的，填报货值。

（36）币制

按海关规定的“货币代码表”选择相应的货币名称及代码填报，如“货币代码表”中无实际成交币种，则需将实际成交货币按申报日外汇折算率折算成“货币代码表”列明的货币填报。

（37）原产国（地区）

原产国（地区）依据《中华人民共和国进出口货物原产地条例》《海关总署关于非优惠原产地规则中实质性改变标准的规定》以及海关总署关于各项优惠贸易协定原产地管理规章规定的原产地确定标准填报。同一批进出口货物的原产地不同的，分别填报原产国（地区）。进出口货物原产国（地区）无法确定的，填报“国别不详”。

（38）最终目的国（地区）

最终目的国（地区）填报已知的进出口货物的最终实际消费、使用或进一步加工制造国家（地区）。不经过第三国（地区）转运的直接运输货物，以运抵国（地区）为最终目的国（地区）；经过第三国（地区）转运的货物，以最后运往国（地区）为最终目的国（地区）。同一批进出口货物的最终目的国（地区）不同的，分别填报最终目的国（地区）。进出口货物不能确定最终目的国（地区）时，以尽可能预知的最后运往国（地区）为最终目的国（地区）。

（39）境内目的地—进口

境内目的地填报已知的进口货物在国内的消费、使用地或最终运抵地，其中最终运抵地为最终使用单位所在的地区。最终使用单位难以确定的，填报货物进口时预知的最终收货单位所在地。

（40）境内货源地—出口

境内货源地填报出口货物在国内的产地或原始发货地。出口货物产地难以确定的，填报最早发运该出口货物的单位所在地。

（41）征免

按照海关核发的“征免税证明”或有关政策规定，对报关单所列每项商品选择海关总署规定的“征减免税方式代码表”中相应的征减免税方式填报。加工贸易货物报关单根据“加工贸易手册”中备案的征免规定填报；“加工贸易手册”中备案的征免规定为“保金”或“保函”的，填报“全免”。

（42）特殊关系确认

出口货物免予填报，加工贸易及保税监管货物（内销保税货物除外）免予填报。

根据《中华人民共和国海关审定进出口货物完税价格办法》(以下简称《审价办法》)第十六条，填报确认进出口行为中买卖双方是否存在特殊关系，有下列情形之一的，应当认为买卖双方存在特殊关系，应填报“是”，反之则填报“否”:（一）买卖双方为同一家族成员的;（二）买卖双方互为商业上的高级职员或者董事的;（三）一方直接或者间接地受另一方控制的;（四）买卖双方都直接或者间接地受第三方控制的;（五）买卖双方共同直接或者间接地控制第三方的;（六）一方直接或者间接地拥有、控制或者持有对方 5% 以上（含 5%）公开发行的有表决权的股票或者股份的;（七）一方是另一方的雇员、高级职员或者董事的;（八）买卖双方是同一合伙的成员的。买卖双方在经营上相互有联系，一方是另一方的独家代理、独家经销或者独家受让人，如果符合前款的规定，也应当视为存在特殊关系。

（43）价格影响确认

出口货物免予填报，加工贸易及保税监管货物（内销保税货物除外）免予填报。根据《审价办法》第十七条，填报确认纳税义务人是否可以证明特殊关系未对进口货物的成交价格产生影响，纳税义务人能证明其成交价格与同时或者大约同时发生的下列任何一款价格相近的，应视为特殊关系未对成交价格产生影响，填报“否”，反之则填报“是”:（一）向境内无特殊关系的买方出售的相同或者类似进口货物的成交价格。（二）按照《审价办法》第二十三条的规定所确定的相同或者类似进口货物的完税价格。（三）按照《审价办法》第二十五条的规定所确定的相同或者类似进口货物的完税价格。

（44）支付特许权使用费确认

出口货物免予填报，加工贸易及保税监管货物（内销保税货物除外）免予填报。根据《审价办法》第十一条和第十三条，填报确认买方是否存在向卖方或者有关方直接或者间接支付与进口货物有关的特许权使用费，且未包括在进口货物的实付、应付价格中。买方存在需向卖方或者有关方直接或者间接支付特许权使用费，且未包含在进口货物实付、应付价格中，并且符合《审价办法》第十三条的，在“支付特许权使用费确认”栏目填报“是”。买方存在需向卖方或者有关方直接或者间接支付特许权使用费，且未包含在进口货物实付、应付价格中，但纳税义务人无法确认是否符合《审价办法》第十三条的，填报“是”。买方存在需向卖方或者有关方直接或者间接支付特许权使用费且未包含在实付、应付价格中，纳税义务人根据《审价办法》第十三条，可以确认需支付的特许权使用费与进口货物无关的，填报“否”。买方不存在向卖方或者有关方直接或者间接支付特许权使用费的，或者特许权使用费已经包含在进口货物实付、应付价格中的，填报“否”。

（45）自报自缴

进出口企业、单位采用“自主申报、自行缴税”（自报自缴）模式向海关申报时，填报“是”；反之则填报“否”。

（二）任务实施

×××国际货运代理公司运输航空货运部Carl将郑州××贸易有限公司Warren发送的合同、装箱单、发票、代理报关委托书、申报要素，以及航空主运单、分运单、舱单转交给通关部报关员Joe，Joe根据相关单据，填制了出口报关单，见表3-16。

二、报关申报

（一）任务资讯

1. 出口报关单的审核内容

在申报前，需要对填制的报关单草单进行审核，确保申报品名归类准确、申报要素完整、申报信息准确无误。有效的审核可以降低报关的差错率，减少不必要的申报错误造成的处罚和延误。主要审核内容如下。

（1）审核报关单格式是否正确

对报关单草稿进行格式审核，按照申报项目指南和代码表核对是否有不一致的信息。

（2）审核归类是否正确

根据申报要素对客户提供的品名、税号进行审核，审核归类是否正确；归类正确的情况下，审核申报要素是否完整，申报要素的信息与品名和税号是否一致。如果报关员认为归类不够准确，可提出建议更改税号，并提供更改税号的出口退税率和监管条件，请客户确认是否接受更改建议。如果客户接受，则按照新的税号的申报要素提供货物信息，涉及特殊监管条件的货物，需提供额外报关文件；如果客户不接受，则需请客户书面确认，如果对于归类达不成一致意见，可以到海关进行预归类。

（3）审核报关单内容是否正确

将报关单草稿发送给客户进行内容审核，客户审核与出口贸易合同信息是否一致，对境内发货人名称、18位信用代码、境外收货人名称、企业注册代码、目的港、货物申报的品名、税号、申报要素、单价、总价、数量、单位等信息进行审核确认。

2. 出口报关申报的方式

报关申报采用电子申报的形式，通过“中国国际贸易单一窗口”完成，如图3-6所示。登录“中国国际贸易单一窗口”，在出口报关单整合申报中填写申报信息。

表 3-16

出口报关单

中华人民共和国海关出口货物报关单

预录入编号：461320200010××××××　　海关编号：461320200010××××××　　页码 / 页数：1/1

境内发货人 （911101021014××××××） 郑州 ×× 贸易有限公司	出境关别（4613） 郑州空港	出口日期	申报日期 20200610	备案号
境外收货人 Dutch Nurens Machinery BV	运输方式（5） 航空运输	运输工具名称及航次号 CA1090	提运单号 999-7363 6352 CNL-5343 9587	
生产销售单位 （911101021014××××××） 郑州 ×× 贸易有限公司	监管方式（0110） 一般贸易	征免性质（101） 一般征税	许可证号	
合同协议号 LD2020050082	贸易国（地区）（NLD） 荷兰	运抵国（地区）（NLD） 荷兰	指运港（NLD006） 阿姆斯特丹（荷兰）	离境口岸（410003） 郑州新郑国际机场

包装种类（22）	件数	毛重（kg）	净重（kg）	成交方式（1）	运费	保费	杂费
纸制或纤维板制盒 / 箱	60	450	210	CIF	CNY/13.9/2	000/0.003/1	

随附单证

随附单证 2：企业提供的其他，发票，装箱单，合同，提 / 运单，代理报关委托协议（电子）

标记唛码及备注

备注：N/M

项号	商品编号	商品名称及规格型号	数量及单位	单价 / 总价 / 币制	原产国（地区）	最终目的国（地区）	境内货源地	征免
1	8481809000	自动节水水龙头 1|0| 阀门龙头用 | 达达牌 |HZ-JSNF-05 型	1 800 套 kg	12.2400 22 032.00 美元	中国 （CHN）	荷兰 （NLD）	（41019）郑州其他	照章征税 （1）

特殊关系确认：否　　价格影响确认：否　　支付特许权使用费确认：否　　自报自缴：否

报关人员　　报关人员证号 5321××××　　电话	兹申明以上内容承担如实申报、依法纳税之法律责任	海关批注及签章
申报单位（91210202MA0U××××××）××× 国际货运代理公司	申报单位（签章）	

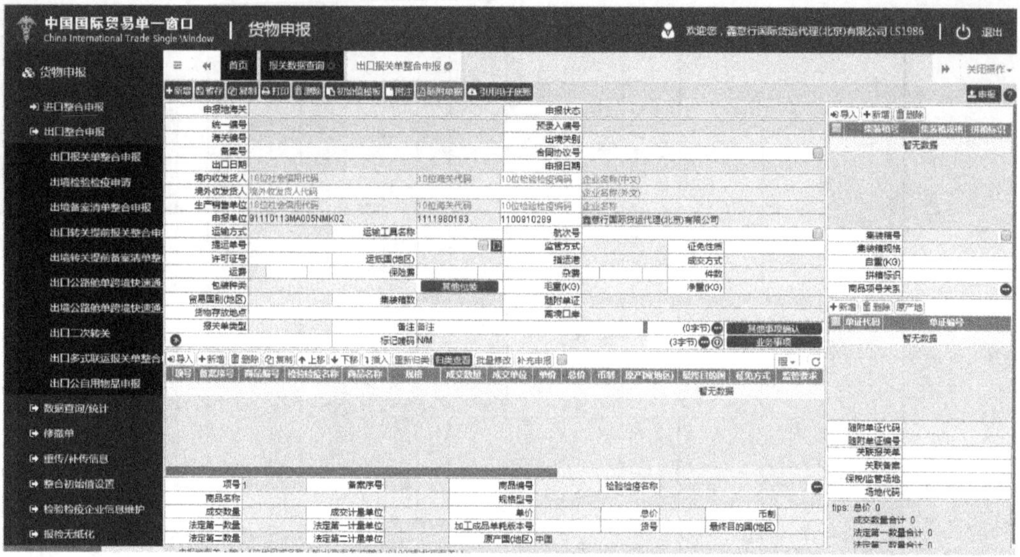

图 3-6 单一窗口货物申报界面

按照出口报关单在单一窗口逐项填写，黄色为必填项，白色为选填项，灰色是系统自动生成项目。填写完成后上传随附单据（见图 3-7），一般贸易监管方式下，发票、提 / 运单、代理报关委托协议（纸质）为必要上传文件，箱单、合同、原产地证书等文件不为必要上传文件。申报上传完毕以后系统自动生成出口报关单，点击“申报”，报关单数据将被传送至海关系统。

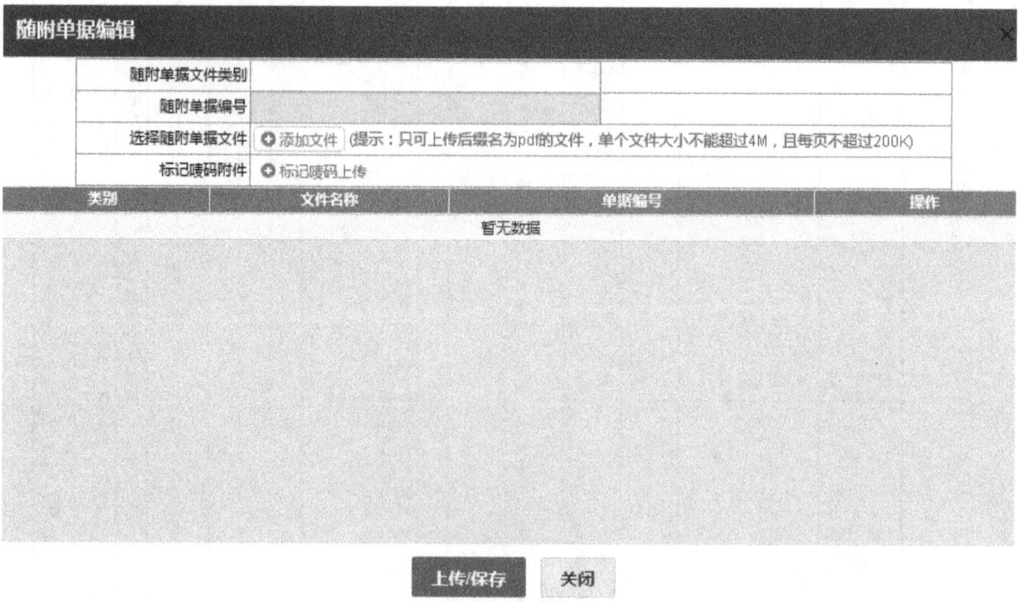

图 3-7 随附单据上传界面

（二）任务实施

报关员 Joe 填写好报关单后，对报关单草单的格式与归类信息进行了认真审核，审核无误后将报关单草单发送给郑州 ×× 贸易有限公司 Warren 进行审核，Warren 审核确认后，报关员 Joe 登录“中国国际贸易单一窗口”，按照报关单草单信息进行了报关信息录入，并将报关数据提交给海关。

三、查验与放行

（一）任务资讯

1. 查验的概念

海关查验是指海关在接受报关单位的申报后，依法为确定进出境货物的性质、原产地、货物状况、数量和价值是否与货物申报单上已填报的详细内容相符，对货物进行实际检查的行政执法行为。查验是国家赋予海关的一种依法行政的权力，也是通关过程中必不可少的重要环节。

2. 查验的目的

海关查验的目的：一是通过核对实际进出口货物与报关单证来验证申报环节所申报的内容与查验的单、货是否一致，通过实际的查验发现申报审单环节所不能发现的瞒报、伪报和申报不实等走私违规事情或其他进出口问题；二是通过查验可以验证申报审单环节提出的疑点，为征税、统计和后续管理提供可靠的监管依据。

3. 查验的方式

海关实施查验可以是彻底查验，也可以是抽查。查验操作可以分为人工查验和设备查验。海关可以根据货物情况以及实际执法需要，确定具体的查验方式。

人工查验包括外形查验、开箱查验。外形查验是指对外部特征直观、易于判断基本属性的货物的包装、运输标志和外观等状况进行验核；开箱查验是指将货物从集装箱、货柜车箱等箱体中取出并拆除外包装后对货物实际状况进行验核。

设备查验是指主要利用技术检查设备对货物实际状况进行验核。

彻底查验即对货物逐件开箱（包）查验，对货物品种、规格、数量、重量、原产地货物状况等逐一与货物申报单详细核对。

抽查即按一定比例对货物有选择地开箱抽查，必须卸货。卸货程度和开箱（包）比例以能够确定货物的品名、规格、数量、重量等查验指令的要求为准。

外形查验是对货物的包装、标记、商标等进行验核。外形查验只适用于大型机器、大宗原材料等不易搬运、移动的货物。此外，海关还充分利用科技手段配合查验，如地磅和 X 光机等查验设施和设备。

海关查验部门自查验受理起，到实施查验结束、反馈查验结果，最多不得超过 48

小时，出口货物应于查验完毕后半个工作日内予以放行。查验过程中，若发现有涉嫌走私违规等情况的，则不受此时限限制。

4. 配合查验的要求

海关查验货物时，进出口货物当事人应当到场配合查验，负责按照海关要求搬移货物，拆开包装，以及重新封装货物，预先了解和熟悉所申报货物的情况，如实回答查验人员的询问及提供必要的资料。海关取样时，在“海关进出口货物化验取样记录单”上签字确认，并协助海关提取货样，收取海关出具的取样清单。查验结束后，认真阅读查验人员填写的“海关货物查验记录单”，并对开箱的具体情况、货物残损情况及造成残损的原因、查验结论签名确认。当事人经批准提取货样后，在海关开具的取样记录和取样清单上签字确认。因进出口货物所具有的特殊属性，容易因开启、搬运不当等原因导致货物损毁，需要海关查验人员在查验过程中予以特别注意的，当事人应当在海关实施查验前申明。

实施复查复验时，海关可根据需要通知当事人到场协助。当事人未到场或到场后拒绝履行其义务的，海关可径行复查复验，径行复查复验时，存放货物、物品的海关监管场所经营人、运输工具负责人应当到场协助，并在复查复验记录上签名确认。

复查复验结果与原查验结果不一致的，应由在场的当事人、运输工具负责人在复查复验记录单上签名确认。相关人员拒不签名的，海关在复查复验记录单中注明情况，并由所在监管场所的经营人或其他见证人签名确认。

5. 放行的概念

海关放行是指海关接受进出口货物的申报、审核电子数据报关单和纸质报关单及随附单证、查验货物、征收税费或接受担保以后，对进出口货物作出结束海关进出境现场监管决定，允许进出口货物离开海关监管现场的工作环节。

（二）任务实施

报关员 Joe 通过“中国国际贸易单一窗口”将报关单提交海关后，海关对报关单审核无误，郑州 ×× 贸易有限公司未被抽中查验，予以放行，经单一窗口打印放行通知书如下。

通关无纸化出口放行通知书

××× 国际货运代理公司：

你公司以通关无纸化方式向海关发送下列电子报关单数据业经海关审核放行，请携带本通知书及相关单证至港区办理装货 / 提货手续。

郑州机场海关审单中心

2020 年 6 月 11 日

预录入编号：461320200010×××××× 海关编号：461320200010××××××

出口关别（4613） 郑州空港		备案号	出口日期 20200612	申报日期 20200610
收发货人（911101021014××××××） 郑州 ×× 贸易有限公司		运输方式（5） 航空运输	运输工具名称 CA1090	提运单号 999-7363 6352 CNL-5343 9587
生产销售单位 （911101021014××××××） 郑州 ×× 贸易有限公司		监管方式（0110） 一般贸易	征免性质（101） 一般征税	结汇方式
许可证号		运抵国（地区）（NLD） 荷兰	指运港（NLD006） 阿姆斯特丹（荷兰）	境内货源地（41019） 郑州其他
批准文号	成交方式（1） CIF	运费 CNY/13.9/2	保费 000/0.003/1	杂费
合同协议号 LD2020050082	件数 60	包装种类（22） 纸制或纤维板制盒 / 箱	毛重（kg） 450	净重（kg） 210
集装箱号		随附单证 随附单证 2：企业提供的其他，发票，装箱单，合同，提 / 运单，代理报关委托协议（电子）		生产厂家

序号	商品名称、规格型号	数量及单位	原产国（地区）	单价	币值
1	自动节水水龙头 1|0| 阀门龙头用 | 达达牌 |HZ-JSNF-05 型	1 800 套	中国 （CHN）	12.2400	USD （美元）

兹申明，以上通知由我公司根据海关电子回执打印，保证准确无讹。

××× 国际货运代理公司

2020 年 6 月 11 日

四、发送随机文件

（一）任务资讯

1. 随机文件的概念

随机文件是指对应某票空运货物的、国外收货人或其他相关方所需要的、随货物一起飞到国外的文件。随机文件包括航空主运单、航空分运单、航空舱单、装箱单、发票、原产地证等收货人要求的清关文件。随机文件除了航空主运单、航空分运单和航空舱单外，其他随机文件都应该以实际发货人提交的文件为准。

2. 随机文件的作用

（1）目的港清关用

由于航空运输速度很快，尤其是直达航班，如果通过国际快递邮寄清关文件，容易出现“货等单”——货物到了，可是清关文件（发票、箱单、产地证、卫生证书等）还没到，从而耽误清关。箱单、发票、原产地证等都是用于目的港清关的，原产地证特别是优惠原产地证的主要作用是可以申请关税减免或优惠。

（2）便于机场货站分货

因为启运港集中托运货物，到了目的港必须根据分运单 / 舱单，把不同批、不同票、不同收货人的货物分开，再分别通知收货人或分别清关、分别提货送货等。

（二）任务实施

货物放行后，××× 国际货运代理公司运输航空货运部 Carl 整理此票货物的随机文件，包括航空主运单、航空分运单、空运舱单、装箱单、发票、合同，将随机文件提交给航空公司。

知识考核

一、单选题

1. 查验的目的不包括（　　）。

A. 通过查验可以验证申报审单环节提出的疑点

B. 通过核对实际进出口货物与报关单证来验证申报环节所申报的内容与查验的单、货是否一致

C. 通过实际的查验发现申报审单环节所不能发现的瞒报、伪报和申报不实等走私违规情况或其他进出口问题

D. 通过查验审核报关单据是否齐全

2. 报关指进出境运输工具的负责人、进出境物品的所有人、进出口货物的收发货人或其代理人向（　　）办理进出境手续的全过程。

A. 边检

B. 海关

C. 进出境商品检验检疫局

D. 外经部门

二、多选题

1. 一般贸易无监管商品准备的出口报关文件包括（　　）。

A. 商业发票

B. 装箱单

C. 代理报关委托协议

D. 合同

2. 进出口货物报关单的作用包括（　　）。

A. 海关处理走私、违规案件的重要证书

B. 海关监管、征税、统计以及开展稽查和调查的重要依据

C. 出口退税和外汇管理的重要凭证

D. 税务、外汇管理部门查处骗税和套汇犯罪活动的重要证书

3. 审核出口报关单包括（　　）。

A. 审核填制格式

B. 审核填制内容

C. 审核归类

D. 装箱单及发票

E. 原产地证

4. 随机文件包括（　　）。

A. 航空主运单

B. 航空分运单

C. 发票

D. 装箱单

三、判断题

1. 一份报关单只允许填写一种监管方式。（　　）

2. 出口报关单是在海关单一窗口申报完成后，系统按照申报信息自动生成的。（　　）

技能训练

Joe 是 ××× 国际货运代理公司的一名报关员，她接到部门经理的指示，需要帮助客户完成一票业务的报关单填制，报关相关信息如下。

河南凌科科技有限公司（企业信用代码：911101000000××××××）与意大利（代码：ITA）的 Esoda Technology Co., Ltd（代码：00022241××××）签订合同（合

同号：HDY8364），出口 45 台公司自己生产的角度测量仪。HS 编码：9031809090。申报要素：广泛适用于风力发电设备。品牌：TTR。型号：CF0903 等。原理：可编程控制器根据编码区的模拟信号，分析得出设备旋转的方向和速度，从而判定是否向主动变桨电机发送启、停信号。法定第一单位：台。法定第二单位：无。成交方式：FCA ZHENGZHOU。贸易方式：一般贸易（代码：0110）。征免性质：一般征税（代码：101）。征减免税方式：照章征税（代码：1）。净重：82.50 kg。毛重：87.0 kg。件数：5 件。包装种类：纸箱。单价：EUR47.00/ 个。此票货物预订了法国航空（AF）的 AF116 航班，预计于 2020 年 6 月 21 日从郑州新郑国际机场（410003）口岸离境，飞往意大利米兰国际机场（MIL），航空运单主单号为 057-7364 3542，分单号为 CNL-7366 1294。××× 国际货运代理公司（企业信用代码：91210202MA0U××××××）报关员 Joe 负责此票货物向郑州空港（4613）海关报关。境内货源地为：郑州其他（41019）。河南凌科科技有限公司与 Esoda Technology Co., Ltd 无特殊关系，无价格影响，Esoda Technology Co., Ltd 也无须向河南凌科科技有限公司支付特许权使用费。

请将上述信息填入空白报关单内。

学习单元 4

货物组装、交付与装机

任务目标

- 能选择合适的航空载具种类与规格。
- 能合理规划集装箱装载，最大化利用舱位。
- 能按照货物驳运机坪管理规定完成货物交付。

聚焦情境

郑州 ×× 贸易有限公司 Warren 将一票空运出口至荷兰阿姆斯特丹的货物委托 ××× 国际货运代理公司运输，××× 国际货运代理公司航空货运部 Carl 完成订舱并将进仓单发给 Warren 后，Warren 安排了司机与车辆在进仓单规定时间内将货物送到了货站。货物完成安检、过磅与丈量后，Carl 根据货物信息签发了航空运单主单、空运舱单与航空运单分单。××× 国际货运代理公司报关员 Joe 代理客户进行报关申报，海关审核通过后放行货物，Carl 将随机文件发送给航空公司。

任务发布

货物放行后，货站打板操作人员需对货物进行打板，航班起飞前将货物从仓库运往机坪装机，装机完成后等待飞机在预定时间起飞。

任务分析

任务分析如图 3-8 所示。

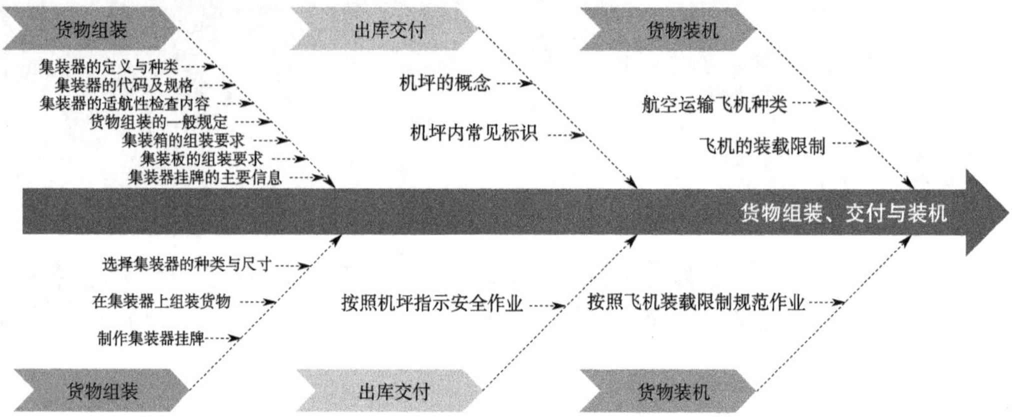

图 3-8 任务分析鱼骨图

任务实施

一、货物组装

（一）任务资讯

1．集装器的定义与种类

集装器（Unit Load Device，ULD）是指航空集装运输所使用的各种类型的集装箱、集装板和辅助器材。集装器分三种：集装板、集装箱、车架。

集装板是一块铝制的平板，四周有用于固定网罩的网扣，中间略凹，货物摆放在上面后，用薄膜缠绕整齐并加盖网罩用于固定。

集装箱是用铝板制作的封闭箱子，它可以很好地保护货物，同时可以用于制冷和保险，鲜活产品一定要用集装箱，还有一些箱子有特殊的用途，比如挂衣、危险品运输等。集装箱有多种形状，甚至有不规则的形状，原因是要充分利用飞机的空间，因为飞机有些仓位是弧形的。

车架主要用来运输汽车。

2．集装器的代码及规格

因为飞机机型不同，所以配置的航空载具也会不同，目前全货机所有的载具都可以使用，而客机就只能使用低板和集装箱。货代公司在接受空运货物时，只能在载具允许的尺码范围内接货，超出载具尺码的货物，需要用其他运输方式来运输。每个集装器均有其特定的识别代码，国际航协规定，集装器识别代码由三部分组成，见表 3-17。

表 3-17　　集装器识别代码表

第一部分			第二部分	第三部分
集装器三字代码			集装器编号	集装器所属人代码
1	2	3		
A	L	F	40012	CA

其中，第一部分 1、2、3 格内三个英文字母分别表示集装器的种类、地板尺寸及外形轮廓、适用机型。第 1 格中的英文字母表示集装器种类，A 表示适航审定的集装箱；P 表示适航审定的集装板。第 2 格中的英文字母表示此集装器的地板尺寸，如表中的 L。第 3 格中的英文字母表示此集装器的装载轮廓或外形及适用机型，如表中的 F。第二部分表示该集装器的编号。自 1996 年 10 月起，新生产的集装器全部使用 5 位数字编号（此前为 4 位数字）。第三部分为该集装器所属人的两字代码。集装器种类代码见表 3-18，集装器地板尺寸见表 3-19，集装器标准外形或装载轮廓及尺寸如图 3-9 所示，集装器的标准轮廓与飞机货舱适配见表 3-20，集装器种类及参考数据见表 3-21。

表 3-18　　集装器种类代码表

字母代码	集装器种类	
	英文	中文
A+	Certified aircraft Container	适航审定的集装箱
D+	Non-Certified aircraft Container	非适航审定的集装箱
F	Non-Certified aircraft Pallet	非适航审定的集装板
G	Non-Certified aircraft Pallet net	非适航审定的集装板网套
J	Thermal Non-structural Container	非结构保温集装箱
M	Thermal Non-structural aircraft Container	非适航审定的保温集装箱
N	Certified aircraft Pallet net	适航审定的集装板网套
P	Certified aircraft Pallet	适航审定的集装板
R	Thermal Certified aircraft Container	适航审定的保温集装箱
U+	Non-structural igloo	非结构集装箱
备注	"+"表示此类集装器不包括保温集装器（非固定门的其他封闭方式）	

表 3-19　　集装器地板尺寸表

字母代码	集装器地板尺寸	
	公制 /cm	英制 /in
A	224 × 318	88 × 125
B	224 × 274	88 × 108
E	224 × 134	88 × 53
F	244 × 299	96 × 1 173
G	244 × 600	96 × 2 381
H	244 × 913	96 × 3 591
V	244 × 1 220	96 × 480
K	153 × 157	60 × 62
L	153 × 318	60 × 125
M	244 × 318	96 × 125
N+	156 × 244	62 × 96
P+	120 × 153	47 × 60
Q+	153 × 244	47 × 60
备注	以上代码为 1984 年以后注册的集装器使用	

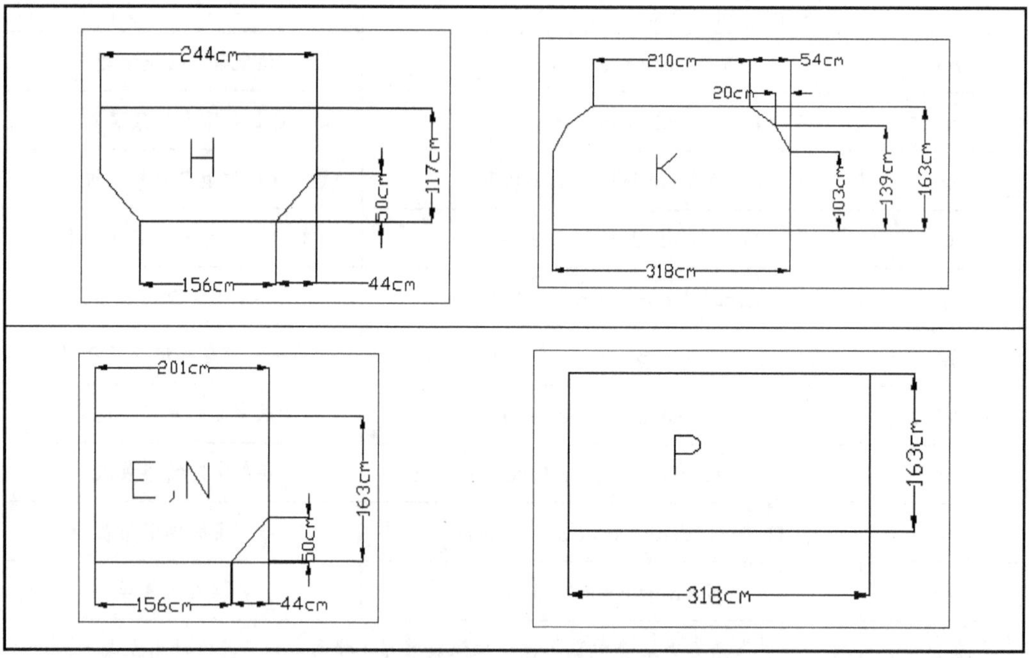

续表

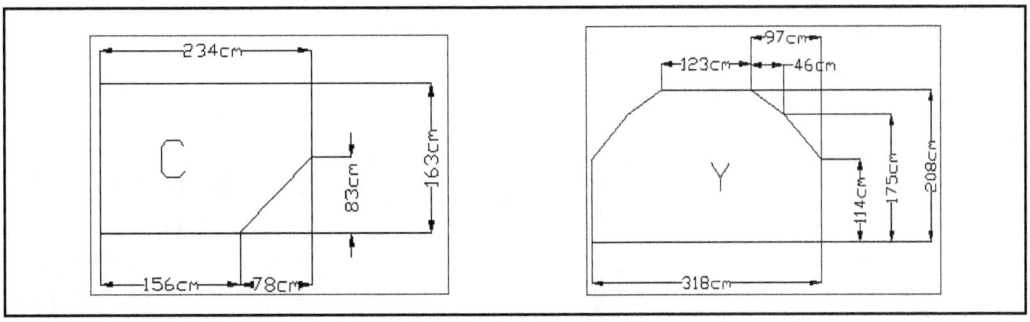

图 3-9　集装器标准外形或装载轮廓及尺寸

表 3-20　　集装器的标准轮廓与飞机货舱适配表

代码 / 适配机型	IATA 标准集装器外形代码										
机型 / 舱位	AB	C	D	EN	F	K	M	P	U	Y	Z
B707-C 主货舱						●				●	●
B727-C 主货舱						●					●
B737-C 主货舱						●					●
B747-F 主货舱	●		●			●	●	●		●	●
B747 下货舱		●		●	●	●		●	●		
B767 下货舱					●	○		○			
B777 下货舱				●	●	●		●			
L-100	●					●	●	●		●	●
L-1011 下货舱						●					
DC8-F						●					
DC10-F 主货舱	●					●	●	●		●	●
DC10 下货舱				●	●	●		●			
A300 下货舱				●	●	●		●			
A300-C 主货舱	●					●	●	●		●	●
A310 下货舱				●	●	●		●			
A310-C 主货舱	●					●	●	●		●	●
A340 下货舱				●	●	●		●			
AN-12	●					●	●	●		●	●
IL-76	●					●	●	●		●	●
IL-86 主货舱				●	●	●		●			

备注：1. 此代码是指集装器的标准轮廓，由此确定该集装器适配何种机型。"●"表示集装器与此型号飞机相适配，"○"表示集装器外形只适用 B-767 前货舱。

2. 虽然集装器的标准轮廓适合某些机型的货舱结构，但是这些型号的飞机可能没有必要的限定装置固定集装器。遇到上述情况，应与承运人核对飞机上的有关设备是否允许运输某种地板尺寸的集装器。

3. 代码"N"表示底部带叉眼的集装箱。

表 3-21　　集装器种类及参考数据

（1）标准集装板	
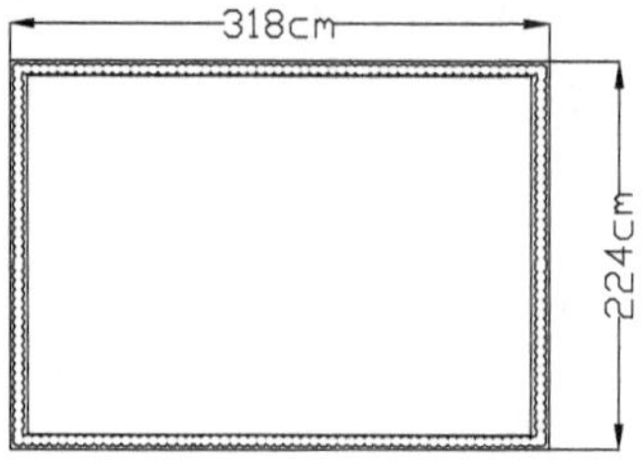	代码：P1P、PAP、PAG、PAJ 地板尺寸：224 cm × 318 cm 标准自重（含网）：125 kg 最大毛重：6 804 kg 适用机型：所有宽体飞机和货机 注：最大毛重是指集装器自重与器所能装载货物邮件的最大重量之和（以下同）
（2）10 英尺集装板	
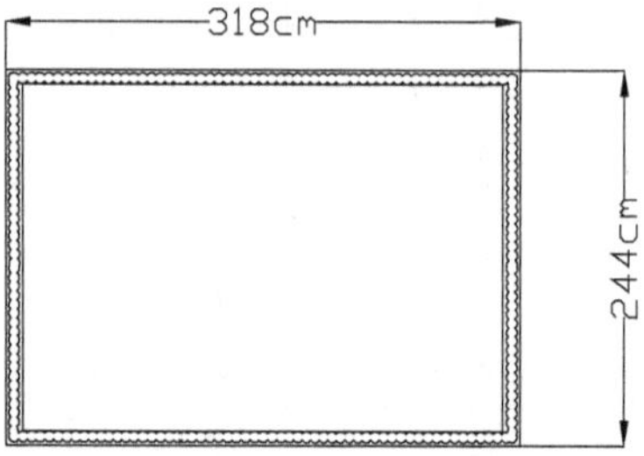	代码：P6P、PMC、PQP 地板尺寸：244 cm × 318 cm 标准自重（含网）：135 kg 最大毛重：6 804 kg 适用机型：所有宽体飞机和货机（B737QC 除外）
（3）16 英尺集装板	
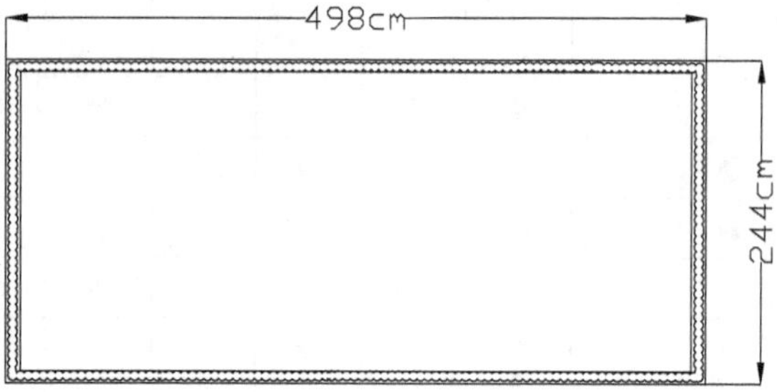	代码：PRA 地板尺寸：244 cm × 498 cm 标准自重（含网）：398 kg 最大毛重：11 340 kg 适用机型：B-747MBI 或 747 货机主货舱
（4）20 英尺集装板	
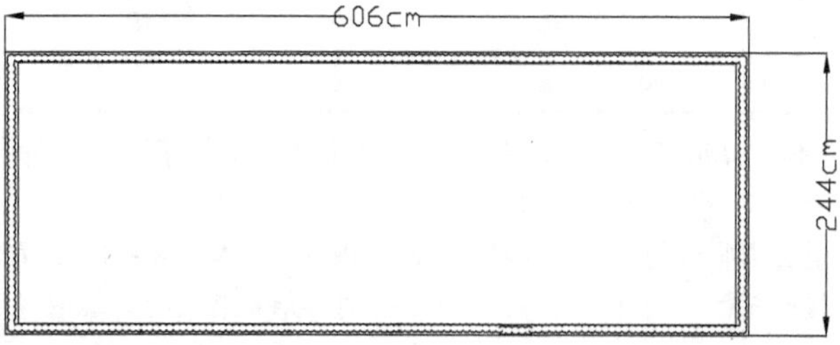	代码：PGA、PGE、P7E 地板尺寸：244 cm × 606 cm 标准自重（含网）：500 kg 最大毛重：13 490 kg 适用机型：B747-COMBI 或 747F 主货舱

续表

(5) B-767 专用集装板	
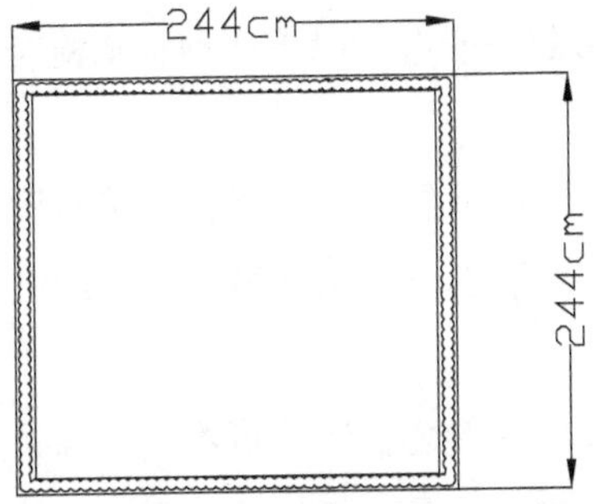	代码：FQA 地板尺寸：153 cm × 244 cm 标准自重（含网）：100 kg 最大毛重：2 449 kg 适用机型：B-767 飞机后下货舱专用
(6) LD3 集装箱	
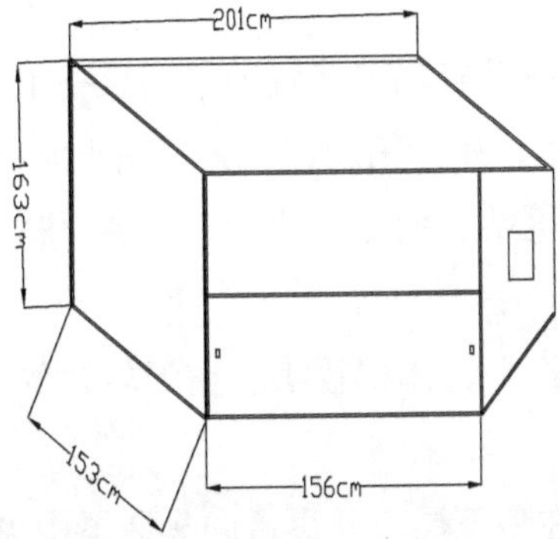	代码：AKE、AVE、AVA、AKN 地板尺寸：153 cm × 156 cm 标准自重：80 kg 最大毛重：1 588 kg 高度：163 cm 容积：4 m^3 适用机型：所有宽体飞机下货舱
(7) LD2 集装箱	
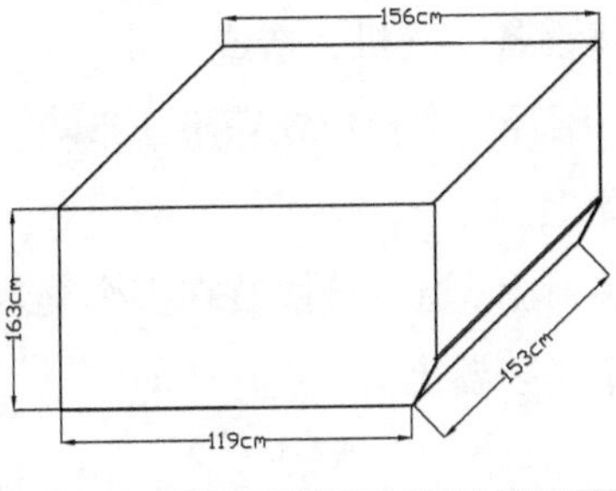	代码：DPE 地板尺寸：119 cm × 153 cm 标准自重：95 kg 最大毛重：1 250 kg 高度：163 cm 容积：3.4 m^3 适用机型：B-767 飞机下货舱专用

3. 集装器的适航性检查

组装集装货物之前必须对集装器进行适航性检查。

对于航空集装箱，组装货物之前，应对集装箱的地板部分、蒙皮部分、框架部分、箱顶部分、箱门部分进行检查。出现地板和箱体破损变形、框架严重扭曲变形、铆钉连续脱落、门闩脱落或损坏、箱顶破洞裂口等问题的集装箱不能继续使用。

对于集装板的检查，组装货物之前，应对集装板的板芯部分、板角部分、边框部分、铆钉部分、卡锁轨和集装板弯曲度进行检查。存在板芯部分有破洞（不包括人为制作的漏水小孔）与裂口、板角丢失或开裂、边框部分弯曲变形、铆钉连续脱落、卡锁轨连续损坏等现象的不能继续使用。对于集装板的弯曲程度进行以下两种状态检查，任何一种状态低于相应的检查标准，则此集装板不能使用。

（1）对空集装板弯曲程度的检查，将空集装板放置在作业平台或平整地面上，集装板的两个端面中任何一面向上翘起的高度不应大于 5 cm，或者两个端面向上翘起的总高度不应大于 10 cm。

（2）对载货集装板的检查，使用有轻微弯曲的集装板装载货物后，如果集装板任何一面仍然存在翘起现象，则必须对翘起的高度进行测量。任何翘起部分的最高点距离集装板底面高度不应超过 3.2 cm。

4. 货物组装的一般规定

（1）集装箱或集装板要放置在托盘或其他带有辊轴装置的平台设备上。集装板上或集装箱内的杂物及积雪、积水等应清除干净，保持集装板、集装箱干净、整洁。

（2）检查所有待装货物，根据货物的卸机站、重量、体积、包装材料以及货物运输要求设计货物组装方案。

（3）一般情况下，大货、重货装在集装板上，体积较小、重量较轻的货物装在集装箱内。

（4）组装时，体积或重量较大的货物放在最下层，并尽量向集装器中央集中码放，小件和轻货放在中间，轻泡货物、精密易碎货物装在最上层。

（5）危险物品或形状特异可能危害飞机安全的货物，应将其固定，可以使用填充物将集装器塞满或使用绳、带捆绑，以防损坏设备、飞机，造成事故。

（6）合理码放货物，做到大不压小，重不压轻，木箱或铁箱不压纸箱。

（7）同一卸机站的货物应装在同一集装器上。

（8）一票货物应尽可能集中装在一个集装器上，避免分散装在多个集装器上。

（9）联程中转运输的货物应集中装在一个集装器上。

5. 集装箱的组装要求

装在集装箱内的货物应码放紧凑，间隙越小越好，装在软门集装箱内的货物应注意避免货物挤压损坏箱门或使集装箱变形。如果集装箱内没有装满货物，即所装货物的体积不超过集装箱容积的 2/3，且单件货物重量超过 150 kg 时，应按规定对货物进行捆绑固定。

6. 集装板的组装要求

先在空集装板上铺设一块足够尺寸的塑料布，塑料布自集装板周边向上折起的高度不应小于 80 cm。按照设计的货物组装方案，重量较大的货物放在最下层，包装底部为金属的货物和底部面积较小重量较大的货物，必须使用垫板，以防金属货物损坏集装板，同时可以分散货物对集装板的压力，保证集装板能够平稳顺利地装入飞机。装在集装板上的货物要码放整齐，上下层货物之间要相互交错，骑缝码放，避免货物坍塌、滑落。体积较小的货物，应装在其他货物的中间或适当地予以固定，防止其从网套网眼中滑落。一块集装板上装载两件或两件以上大货时，货物之间应尽量紧邻码放，货物之间的空隙越小越好。组装集装板时，第一层货物要码放在集装板的卡锁轨以内，第二层货物可以和集装板边垂直平行，保证挂网套时锁扣可以顺利锁入卡锁轨，固定在集装器上。

货物组装完毕后，用足够尺寸的塑料布自上而下苫盖货物（由货物顶部向下苫盖，底边距集装板平面 40 cm），自下往上的塑料布在内，自上往下的塑料布在外，两块塑料布的接合处用封口胶带封住，防止雨水浸泡货物或腐蚀集装板。挂网套前，应将集装网套展开，将打结的部分解开。检查网套是否符合使用要求；绞绳、挂钩、锁扣必须齐全（锁扣要求：宽边至少 5 个，窄边至少 4 个）；确定正确的方位。将网套均匀地盖在货物上，锁上四边的锁扣，拉紧各边。网套的拉紧度以不使集装板四边翘起变形或损坏货物，且在用力拉起网套时，网套离货物的距离不大于 10 cm 为宜。检查绞绳、尼龙带的捆绑情况是否符合要求，发现捆绑不紧或有绳头露出集装板外的情况，立即按要求整理好，防止其影响作业安全。

*** 小提示 ***

打板，即飞机货物在装机前，先把货物按照一定的规格装到集装器上，然后统一装进飞机货舱里。集装板是航空公司专门用于组装货物的工具，每块都有自己的编号，以便查询装在上面的货物情况。货代公司通常会与航空公司签署包板协议，与航空公司之间按集装板结算，这样可以根据货物的重泡自己决定如何分配，以实现重泡搭配效益最大化，获取最大的利润空间。

7. 集装器挂牌

组板完成后，监装人员需对已组装完货物的集装器进行称重，并填制集装器挂牌挂于集装器上。不同航空公司的集装器挂牌样式不同，但内容大同小异，所包含的信息如下。

（1）ULD NO. 栏填写集装器编号。

（2）VIA/DEST 栏填写中转地或目的地三字代码。

（3）FLT NO. 栏填写航班号。

（4）DATE 栏填写航班飞行时间（见表 3-22 第 2 行）。

（5）AWB NO. 栏填写航空运单号。

（6）PCS 栏填写件数。

（7）NET WEIGHT 栏填写净重。

（8）DEST 栏填写该运单下的货物目的地三字代码。

（9）TARE WEIGHT 栏填写集装器重量，不同航空公司不同集装器的重量都不相同。

（10）TOTAL NET WEIGHT 栏填写货物总净重。

（11）TOTAL GROSS WEIGHT 栏填写总毛重。

（12）REMARKS 栏填写注意事项。

（13）CHKD BY 栏由填写人签名。

（14）DATE 栏填写挂牌的日期（见表 3-22 末行）。

（二）任务实施

货站打板操作人员领取了集装器（代码为 PAP50043CA），将主单号 999-7363 6352 下的两票货物组装在集装板上，货物信息如下。

货物：自动节水水龙头（AUTOMATIC SAVING WATER TAP）；分单号：CNL-5343 9587；件数：60 件；实际重量：450.0 kg；尺寸：50 cm × 33 cm × 36 cm/ 件；体积 3.564 m^3。

货物：汽车配件（AUTO SPARE PARTS）；分单号：CNL-5343 9588；件数：60 件；实际重量：720.0 kg；尺寸：55 cm × 45 cm × 37 cm/ 件；体积 5.495 m^3。

由于汽车配件的货物密度以及单件重量更大，因此将汽车配件放在下层，将自动节水水龙头放在上层。标准集装板的底部尺寸为 224 cm × 318 cm，第一层可装汽车配件 42 箱，第二层可装汽车配件 18 箱、自动节水水龙头 16 箱，第三层可装自动节水水龙头 32 箱，第四层可装自动节水水龙头 12 箱。货站打板操作人员按照配载方案完成货物打板，对已组装完货物的集装器进行称重，并填制集装器挂牌（见表 3-22）挂于集装器上。

表 3-22　　集装器挂牌

ULD NO	PAP50043CA	VIA/DEST	AMS
FLT NO	CA1090	DATE	12 JUN 2020
AWB NO.	PCS	NET WEIGHT	DEST
999-7363 6352	12	1 170.0	AMS
TARE WEIGHT	125.0		
TOTAL NET WEIGHT	1 170.0		
TOTAL GROSS WEIGHT	1 295.0		
REMARKS			
CHKD BY	× × Wang	DATE	11 JUN 2020

二、出库交付

（一）任务资讯

货物组装完成后，拖货人员需要将货物从仓库运往机坪装机。装卸人员进入机坪前应当取得机坪准入证件，并熟知机坪内各种标志的含义（见表3-23）及使用限制，防止机坪内发生不安全事件。

机坪是指在陆地机场上划定的一块专供航空器上下旅客、装卸货物或邮件、加油、停放或维修之用的场地。拖货人员将货物运往机坪交付给机坪工作人员后，交付完成。

表3-23　　机坪内常见标志

 **机坪指示标志** 表示即将进入机坪	 **机坪车道线标志** 车辆必须严格按照服务车道行驶
 **停车观察等待点标志** 所有车辆在该处停车观察航空器动态，确认无影响后方可继续行驶	 **禁止车辆长时停放标志** 允许停放，不超过30分钟
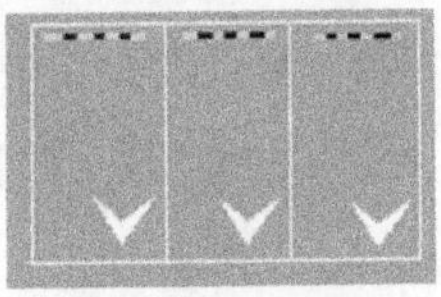 **车辆停放方向标志**	 **平板车临时停放位标志**
 **禁区标志** 禁止车辆、设备占用或停放	 **消防井标志** 禁止车辆长时间停放
 **限速标志** 车辆应按规定车速行驶	 **限高标志**

（二）任务实施

货物组装完成后，拖货人员将货物从仓库运往机坪装机，等待装机。

三、货物装机

（一）任务资讯

1. 航空运输飞机种类

按机身宽度划分：（1）窄体飞机。机身长度约 3 m，客舱内有一条通道。下舱内一般只能装载散运货物。如 B737、B757、DC-8、MD-80、MD-90、A320、A321。（2）宽体飞机。机身宽度不小于 4.72 m，客舱内有两条通道。下舱内可装载集装货物和散装货物。如 B767、B747、DC-10、MD-11、A300、A340。

按用途划分：（1）全货机（FREIGHTER）。主舱及下舱全部装货，具有较大的货舱和货舱门，地板上还有滚体传输装置，便于大型货物装载。（2）全客机。只有下舱内装载货物。（3）客货混用机（COMBI）。在主舱前部设有旅客座椅，后部可装载货物，下舱用于装货。全客机或客货混用机主要服务于人以及携带的行李，所以有较多的登机舱门和逃生舱门，舱位也不多，导致载货量较少，还有运货限制，对安全的要求高，但可以走一些小货散货和邮包物品，基本每天都有航班。全货机有更多且较大的货舱门，有多个机舱，装载量更大，运货限制不高，能走更长、更大、更多、更重的货物或托盘货。

按制造商划分：（1）波音（BOEING）。是由美国一家公司开发及生产军民用的飞机，常见机型有 B737、B757、B767、B777、B747、B747-F 等。（2）空中客车。简称空客（AIR BUS），是由欧洲空中客车工业公司研制和生产的飞机，常见机型有 A319、A320、A300、A330、A340、A380 等。

2. 飞机的装载限制

（1）重量限制

飞机制造商规定了每一货舱可装载货物的最大重量限额。任何情况下，所装载的货物重量都不可以超过此限额。否则，飞机的结构很有可能遭到破坏，飞机安全会受到威胁。

（2）容积限制

由于货舱内可利用的空间有限，因此，这也成为运输货物的限定条件之一。轻泡货物已经占满了货舱内的所有空间，而未达到重量限额。相反，高密度货物的重量已达到限额而货舱内仍会有很多剩余空间无法利用。将轻泡货物和高密度货物混运装载，是比较经济的解决办法。

（3）舱门限制

由于货物只能通过舱门装入货舱内，货物的尺寸必然会受到舱门的限制。常见机型舱门尺寸、舱位容积、地板承受力见表 3–24。

表 3–24　常见机型舱门尺寸表

机型	舱门尺寸（宽 × 高）/cm	最大装载量（散货舱容积）	地板承受力（kg/m²）
B767–300	前货舱门 340 × 170	4 PAP/PMC	976
	后货舱门 187 × 175	14 DPE	
	散装舱门 97 × 109	12.0 m^3/2 925 kg	732
B777–200	前货舱门 270 × 170	6 PAP/PMC 或 18 AKE	976
	后货舱门 178 × 170	14 AKE	
	散装舱门 91 × 114	17.0 m^3/4 082 kg	732
B737–300	前货舱门 121 × 88	10.4 m^3/2 269 kg	732
	后货舱门 117 × 88	14.3 m^3/3 462 kg	
B737–800	前货舱门 122 × 89	19.6 m^3/3 558 kg	732
	后货舱门 122 × 84	25.4 m^3/4 850 kg	
A319–111	前货舱门 182 × 123	8.51 m^3/2 268 kg	732
	后货舱门 182 × 123	19.05 m^3/4 598 kg	
A319–131	前货舱门 182 × 123	8.51 m^3/2 268 kg	732
	后货舱门 182 × 123	19.05 m^3/4 598 kg	
A320–214	前货舱门 182 × 124	散装（13.28 m^3/3 402 kg）	732
	后货舱门 182 × 124	散装（18.26 m^3/4 536 kg）	
	散装舱门 87 × 94	5.88 m^3/1 497 kg	
A300–600R	前货舱门 270 × 178	4P AP/PMC；或 12 AKE	732
	后货舱门 181 × 175	10 AKE	
	散装舱门 95 × 95	17.3 m^3/2 500 kg	

（4）地板承受力

飞机货舱内每平方米可承受一定的重量。如果超过它的承受能力，地板和飞机结构很有可能遭到破坏。因此，装载货物时应注意不能超过地板承受力的限额。

（二）任务实施

航空公司装机人员按照制定的装机方案，将 PAP50043CA 集装板装入机舱。

知识考核

一、单选题

1. 集装箱三字代码中，A 表示（　　）。

A. 集装箱　　B. 集装板

C. 集装网　　D. 集装棚

2. 标准集装板尺寸为（　　）。

A. 244 cm × 244 cm　　B. 244 cm × 318 cm

C. 224 cm × 318 cm　　D. 244 cm × 498 cm

3. 组装时，体积不超过集装箱容积的（　　），单件货物重量超过 150 kg 时，加绑带固定。

A. 1/3　　B. 2/3

C. 1/5　　D. 2/5

4. DPE46052MU 集装箱适用的机舱是（　　）。

A. A310–C 主货舱　　B. A300–C 主货舱

C. B767 下货舱　　D. B747 下货舱

二、多选题

1. 集装器识别代码由（　　）三部分组成。

A. 集装器三字代码　　B. 集装器编号

C. 集装器所属人代码　　D. 集装器尺寸号

2. 组装货物之前，应对集装箱的地板部分、（　　）进行检查。

A. 蒙皮部分　　B. 框架部分

C. 箱顶部分　　D. 箱门部分

3. 货物组装应遵循（　　）的原则。

A. 大不压小　　B. 干不压湿

C. 重不压轻　　D. 木不压纸

4. 大货、重货装在（　　）上；体积较小、重量较轻的货物装在（　　）内。

A. 集装袋　　　　　　　　B. 集装板

C. 集装棚　　　　　　　　D. 集装箱

三、判断题

1. 软门集装箱关门后允许箱内的货物在一定程度内凸出门帘或网套的垂直面。（　　）

2. 集装箱门是集装箱不可缺少的一部分。（　　）

3. 包装底部为金属的货物和底部面积较小、重量较大的货物，必须使用垫板分散货物重量。（　　）

4. 对不同航空公司准备相应的托盘、集装板、箱和货卡，特殊情况下可以混用。（　　）

技能训练

××× 国际货运代理公司航空货运部 Carl 收到两票货物的航空运输委托，从 CGO（郑州新郑国际机场）运往洛杉矶国际机场（LAX），货物信息如下。

货物 1：牛仔裤，28 箱，65 cm × 45 cm × 45 cm/ 箱，29 kg/ 箱。

货物 2：玩具熊，48 箱，50 cm × 55 cm × 35 cm/ 箱，26 kg/ 箱。

Carl 为两票货物预订了 CA7361，飞机机型为 B747，两票货物均已交到货站、海关已放行，现需对两票货物进行打板组装。请制定打板方案并描述打板至装机的过程。

学习单元 5

订单跟踪

任务目标

- 能完成货物装载信息、航班起飞信息和航班飞行到达信息的跟踪和反馈。
- 能与航空公司沟通在中转港将转运货物安全及时地配载至第二程航班。

聚焦情境

郑州 ×× 贸易有限公司 Warren 将一票空运出口至荷兰阿姆斯特丹的货物委托 ××× 国际货运代理公司运输，××× 国际货运代理公司航空货运部 Carl 完成订舱并将进仓单发给 Warren 后，Warren 安排了司机与车辆在进仓单规定时间内将货物送到了货站。货物完成安检、过磅与丈量后，Carl 根据货物信息签发了航空运单主单、空运舱单与航空运单分单。××× 国际货运代理公司报关员 Joe 代理客户进行报关申报，海关审核通过后放行货物，Carl 将随机文件发送给航空公司。飞机起飞前，货站打板操作人员对货物进行了打板，将郑州 ×× 贸易有限公司的货物与另一票货物组装在一个集装板上，随后将货物从仓库运往机坪、完成了装机。

任务发布

××× 国际货运代理公司航空货运部 Carl 为郑州 ×× 贸易有限公司的货物预订

了国航的 CA1090 航班，该航班从郑州始发直达阿姆斯特丹。装机完成后，××× 国际货运代理公司航空货运部 Carl 需要跟踪货物状态，确认货物是否被正常装载、是否按时起飞、是否按时到达；确认航班正常起飞后，Carl 需要将航班信息发送给客户与国外代理。CA1090 航班预计从郑州新郑国际机场（CGO）起飞，时间为 6 月 12 日 12:40，飞行时间 10 小时 5 分钟，预计到达阿姆斯特丹史基浦机场为当地时间 6 月 12 日 16:45。

任务分析

任务分析如图 3–10 所示。

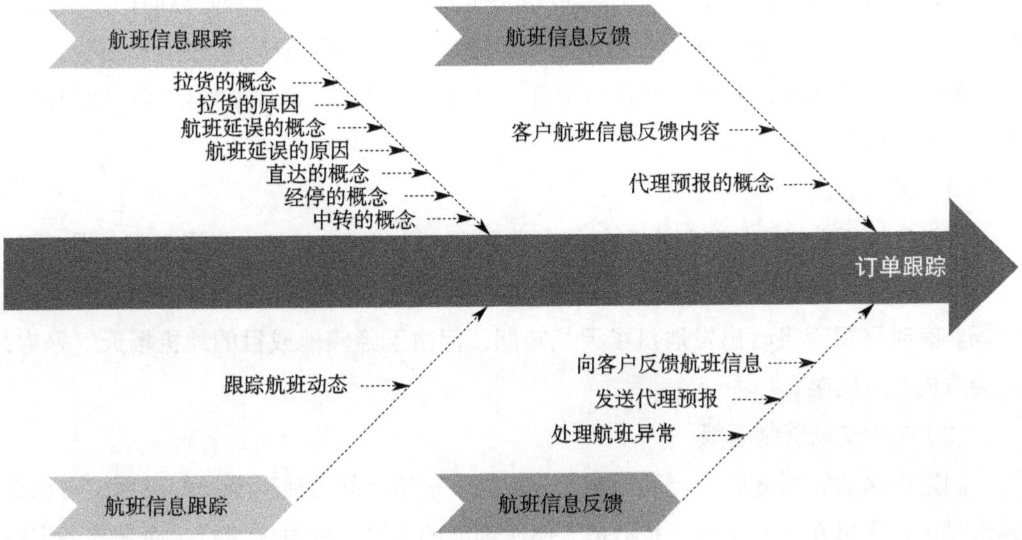

图 3–10　任务分析鱼骨图

任务实施

一、航班信息跟踪

（一）任务资讯

货、单交给航空公司后，航空公司可能会因为各种原因致使货物不能按时出运，因此货代业务员要与航空公司保持联系，跟踪货、单状态。

1. 航班拉货

拉货是指已经顺利配置某个航班的货物，在货物装载时因舱位、载量、平衡、时间等问题被临时拉下。空运中航班被拉货的原因如下。

（1）飞机故障或者其他雷雨天气原因导致航班临时取消。

（2）飞机临时改机型，大飞机改小飞机执飞，所以导致舱位变更、限载。

（3）由于旅客行李过多，造成货运舱位不够，导致已经排载的货物被临时拉下。

（4）由于海关调查部门对某票货物有质疑，而造成货物不能运输。

（5）由于气候原因，飞机需要临时增加油料的载量，而导致飞机起飞以及落地重量超载，需拉下货物，控制载量。

（6）由于商业原因或者其他原因造成的航空公司或者货代公司以及货主要求停运。

（7）飞机临时限载。

（8）海鲜多等原因导致货物无法装机。

2. 航班延误或取消

航班延误是指航班降落时间（航班实际到港轮挡时间）比计划降落时间（航班时刻表上的时间）延迟 15 分钟以上或航班取消的情况。航班取消是指先前计划执行飞行任务的航班停止飞行，并且该航班至少有一个座位被预订。造成航班延误或取消的原因主要包括以下几种。

（1）天气原因

因天气原因造成的航班延误现象最为常见。飞机起降的机场一旦遇到雾、雪、雨、云和风等天气，跑道能见度低于一定标准时，航班便无法起降，严重时甚至还会关闭机场。有时飞机起飞时出发地机场天气晴朗，但由于经停地或目的地机场天气恶劣，也会造成航班延误。

（2）空中交通管制原因

因空中交通管制造成的航班延误十分常见，在所有导致航班延误的原因中占比也越来越大。飞机在天上飞行，并不是人们所理解的点对点的直线飞行，而是有一定的飞行道路，即航路。近年来新开航线增多，导致空中交通流量增速较大，航路相对拥挤，机场容量接近饱和，飞行管理难以适应。因此，一些繁忙的机场常常出现流量控制，造成在这些机场起降的航班无法按时起飞。

（3）航空公司原因

1）飞机晚到。一般情况下，航空公司的每架飞机每天都要执行好几段航班任务。如果前一段航班延误，飞机晚到，势必引起连锁反应，造成后续延误。

2）调配原因。因为某些特殊原因，原定执行本次航班任务的飞机被临时调配去执行其他飞行任务，任务完成后才执行本次航班，造成本次航班延误。

3）机械故障。飞机结构复杂，难免会出现各种各样的故障反应。有时哪怕连一颗关键的螺丝钉松动了，都要对整机进行全面的检查、校验。

4）空勤人员原因。空勤人员值勤是有时间限制的，达到规定的时限必须安排休息，如果休息不足，绝不能继续飞行。还有因为极个别空勤人员责任心不强，没能在正常时间登机准备飞行任务，也会造成航班延误。

（4）机场保障原因

1）机务原因。机场机务保障部门对于各航空公司的经停和往返航班负有过站检查、签字放行、清除冰雪等各项保障工作。哪一个环节出现疏漏或者保障不及时，均可造成航班延误。

2）商务原因。这种原因造成航班延误的现象较为少见，主要是指广播登机不及时、货物舱单和平衡图送达不及时等。

场区环境。机场上空环境出现干扰因素也是造成航班延误的重要原因，如由于无线电通信而干扰飞机正常运行等。

（5）军事管制原因

军事管制也是常见的原因之一，比如航路上某空域突然有军事飞机需要通过，或军队临时封锁了航路，而导致航路或空域无法使用，进而导致航班延误。

（6）旅客原因

当前航空货物运输的机型之一是客货混用机型，因为旅客原因，如旅客迟到、突发疾病等，也可能造成航班延误。

3. 直达、经停与中转的概念

直达指中途不必换飞机且飞机中途不停靠而直接到达目的地。

经停指飞机经过某地加油或上下客人、货物后再继续前往目的地。国际航班（客机 / 客货机）一般停留 45 分钟至两小时，如果是全货机航班，可能会停留超过 12 小时。

中转指从始发地到目的地，经过一个或多个地点更换运输工具后再运输最终到目的地。

（二）任务实施

6 月 12 日 11:40，××× 国际货运代理公司航空货运部 Carl 通过国航官网，查询 CA1090 动态如下。

航班信息	计划起飞	实际起飞	出发地	计划到达	实际到达	到达地	状态
中国国航 CA1090	12:40	—	郑州新郑	16:45 当地 12 日	—	阿姆斯特丹史基浦	计划

6 月 12 日 13:00，Carl 通过国航官网，确认航班是否正常起飞，查询 CA1090 动态如下。

航班信息	计划起飞	实际起飞	出发地	计划到达	实际到达	到达地	状态
中国国航 CA1090	12:40	12:40	郑州新郑	16:45 当地 12 日	—	阿姆斯特丹史基浦	起飞

6 月 12 日 23:55，Carl 通过国航官网，确认航班是否正常抵达，查询 CA1090 动态如下。

航班信息	计划起飞	实际起飞	出发地	计划到达	实际到达	到达地	状态
中国国航 CA1090	12:40	12:40	郑州新郑	16:45 当地 12 日	19:25	阿姆斯特丹史基浦	到达

二、航班信息反馈

（一）任务资讯

1. 客户航班信息反馈内容

在货物正常起飞出运的情况下，货代业务员需要将航班的起飞动态、分运单号、航班起飞时间、预计到达时间等通过邮件、传真或电话等方式反馈给客户。

在航班拉货的情况下，如下一趟航班是同一家航空公司，则不需要办理退货，航空公司将重新安排下一趟航班的舱位；如果下一趟航班不是同一家航空公司，货物非常紧急，则要先办理退货手续，将货物拉出后，再到另一家航空公司交货、发运。货代业务员需要及时跟进货物装载信息，一旦发生拉货的情况，要第一时间反馈给客户，为客户提供多种方案供其选择，以协助客户将拉货造成的影响与损失降到最低。

在航班延误或取消的情况下，由于航班延误或取消可能发生在起飞、中转、飞行、落地等各个阶段，因此货代业务员需要及时跟进航班状态，一旦发生了延误或取消，应立即向航空公司了解情况，并及时向客户解释清楚，争取客户的理解，同时结合客户需求，为客户提供解决方案，以协助客户将航班延误或取消造成的损失降到最低。

2. 代理预报

代理预报是由出口地的货代公司将运单、航班、件数、重量、品名、实际收货人及其他地址、联系电话等内容发给目的地代理公司。

（二）任务实施

6 月 12 日 13:00，Carl 通过国航官网，确认航班已正常起飞，通过邮件向郑州 ×× 贸易有限公司发送了航班信息。

分运单号：CNL-5343 9587 货物件数：60 CTNS 重量：450.0 KGS 航班信息： CA1090 CGP/AMS JUN 12 ETD 12:40 ETA16:45

随后，Carl 发送了代理预报给 ××× 国际货运代理公司在阿姆斯特丹的代理公司——H&U GLOBAL LOGISTICS BV。

MAWB: 999-7363 6352
No. of Pieces: 120 CTNS
Gross Weight: 1 170.0 KGS

HAWB NO	SHIPPER	CONSIGNEE	PCS	WEIGHT	GOODS DESCRIPTION
CNL-5343 9587	ZHENGZHOU ×××××× TRADE CO., LTD NO.××, JINSHUI EAST ROAD, ZHENGDONG NEW DISTRICT, ZHENGZHOU, HENAN, CHINA TEL:86-0371-××××××××	DUTCH NURENS MACHINERY BV JACOB OBRECHTSTRAAT ××-H, ×××× KE AMSTERDAM, NETHERLANDS TEL: 3120××××××	60	450.0	AUTOMATIC SAVING WATER TAP
CNL-5343 9588	ZHENGZHOU TIANMEI AUTO PARTS CO., LTD NO.××, XINGDA ROAD, JINSHUI DISTRICT, ZHENGZHOU, HENAN, CHINA TEL:86-0371-××××××××	ROSSI TRADE B.V. SINGAPORESTRAAT ××, ×××RA LIJNDEN, AMSTERDAM, NETHERLANDS TEL: 3120×××××	60	720.0	AUTO SPARE PARTS

Flight information:
CA1090 CGP/AMS JUN 12 ETD 12:40 ETA16:45

知识考核

一、单选题

1. 航班延误是指航班（　　）比计划（　　）延迟 15 分钟以上或航班取消的情况。

A. 起飞时间　起飞时间

B. 起飞时间　降落时间

C. 降落时间　起飞时间

D. 降落时间　降落时间

2.（　　）是指已经顺利配置某个航班的货物，在货物装载时因舱位、载量、平衡、时间等问题被临时拉下。

A. 落货　　B. 延迟　　C. 拉货　　D. 甩柜

3. 下列选项中关于航班延误的处理，说法错误的是（　　）。

A. 货代应立即向航空公司了解延误的原因

B. 货代应及时向客户解释清楚，争取客户的理解

C. 非货代公司原因造成的延误，货代业务员不需向客户反馈

D. 货代业务员应尽量协助客户将航班延误造成的损失降到最低

二、多选题

1. 造成拉货的原因包括（　　）。

A. 旅客行李过多，造成货运舱位不够

B. 飞机临时改机型，大飞机改小飞机执飞

C. 飞机临时限载

D. 空中交通管制造成航班延误

2. 造成航班延误的原因包括（　　）。

A. 大雾导致机场能见度低于一定标准　　B. 军事管制

C. 飞机前段航班延误　　D. 空中交通管制

3. 航班正常起飞后，货代业务员需向客户反馈的信息包括（　　）。

A. 起飞动态　　B. 航班预计到达时间

C. 航班起飞时间　　D. 分运单号

三、判断题

1. 经停是指从始发地到目的地，经过一个或多个地点更换运输工具后再运输最终到目的地。（　　）

2. 直达指中途不必换飞机且飞机中途不停靠而直接到达目的地。（　　）

3. 代理预报是由进口地的货代公司将运单、航班、件数、重量、品名、实际收货人及其他地址、联系电话等内容发给启运地代理公司。（　　）

4. 在航班拉货的情况下，如下一趟航班是同一家航空公司，则不需要办理退货，航空公司将重新安排下一趟航班的舱位。（　　）

技能训练

×××国际货运代理公司航空货运部 Carl 收到两票货物的航空运输委托，从 CGO（郑州新郑国际机场）运往洛杉矶国际机场（LAX），货物信息如下。

主单号：999-3645 9982。

货物 1：牛仔裤，28 箱，65 cm×45 cm×45 cm/箱，29 kg/箱，分单号：CNL-5343 6352，托运人：河南××服装有限公司（河南省郑州市金水区永兴路×××号，电话：86-0371-833××××）；收货人：Wanner Garment Co., LTD.（×××× Santa Monica Blvd #×××, West Hollywood, CA ×××××, USA, Tel: 1-323-603××××）。

货物 2：玩具熊，48 箱，50 cm×55 cm×35 cm/箱，26 kg/箱。分单号：CNL-5343 6353；托运人：××玩具有限公司（开封市禹王台区禹南街×××号，电话：1837362××××）；收货人：Best Trading Co., Ltd.（×××× Golf Club Dr, Glendale, CA ×××××, USA, Tel: +1-818-618××××）。

Carl 为两票货物预订了 CA7361 航班，航班日期为 2020 年 6 月 25 日，从郑州新郑国际机场预计起飞时间为 17:30（北京时间），飞行时间 12 小时 50 分钟，预计 15:20（洛杉矶当地时间）抵达洛杉矶国际机场。Carl 于北京时间 17:45 查询到货物已正常装载、飞机实际起飞时间为 17:27。请结合以上信息，编写邮件分别向河南××服装有限公司、××玩具有限公司反馈航班信息，向×××国际货运代理公司在洛杉矶的代理 T&S Freight Forwarding Co., Ltd 发送代理预报。

培训任务四

进口业务操作

学习单元 1

进口申报

任务目标

- 能整合空运货物进口文件。
- 能填制空运进口报关单。
- 能完成空运货物进口申报。
- 能向客户发送缴纳通知。
- 能协助客户完成货物的海关查验。
- 能向客户发送放行通知。

聚焦情境

2020 年 6 月 7 日，××× 国际货运代理公司收到了郑州德诺贸易有限公司的航空运输委托。郑州德诺贸易有限公司要从意大利米兰进口一批数控刀架，贸易术语为 FCA 米兰，委托 ××× 国际货运代理公司办理 6 月 13 日从米兰至郑州的航空运输与进口报关，并发送了相关单据的电子版（合同、发票、装箱单、申报要素、代理报关委托书），进口税费由郑州德诺贸易有限公司自行缴纳。××× 国际货运代理公司刘经理将此业务分配给航空货运部 Carl，Carl 根据郑州德诺贸易有限公司的需求，联系了 ××× 国际货运代理公司在意大利米兰的合作代理——SNL LOGISTICS，预订的法国航空 6 月 13 日从米兰马尔彭萨机场（MXP）始发、中转巴黎夏尔·戴高乐机场（CDG）到郑州新郑国际机场（CGO）的 AF1731 与 AF116 次航班。合同如下。

CONTRACT

No: ZM 200521
Date: 23, May 2020
Place: Zhengzhou

卖方 The Seller:
OGNI MOMENTO S.P.A.
地址 Address:
VIA MILANO, ××, ××××× CERANO NO, ITALY
电话 TEL:
+39–3217×××××
买方 The Buyer:
ZHENGZHOU DENUO TRADING CO., LTD
地址 Address:
NO.×× BOSONG ROAD, JINSHUI DISTRICT, ZHENGZHOU, HENAN, CHINA
电话 TEL:
+86–371–686×××××

This contract is made out by the Sellers and Buyers as per the following terms and conditions mutually confirmed:

Item No.	Commodity Specification	Unit	Quantity	Unit Price/ EURO	Total Amount/ EURO
1	NUMERICAL CONTROL CUTTER HOLDER TB7360	SET	3	3 200.00	9 600.00
Total FCA value: SAY EUROPEAN DOLLARS NINE THOUSAND AND SIX HUNDRED ONLY					

Packing: To be packed in strong case(s) or in carton(s).Suitable for long distance ocean/parcel post/air freight transportation and to change of climate, well protected against moisture and shocks.
Shipping Marks: N/M
Time of Shipment: BEFORE JUNE 15, 2020
Port of Shipment: MILAN, ITALY
Port of Destination: ZHENGZHOU, CHINA
Insurance: TO BE EFFECTED BY THE BUYER
Terms of Payment: T/T

卖方：	买方：
Seller:	Buyer:
OGNI MOMENTO S.P.A.	ZHENGZHOU DENUO TRADING CO., LTD
盖章：	盖章：
Seal:	Seal:

发票如下。

INVOICE

OGNI MOMENTO S.P.A. VIA MILANO, ××, ××××× CERANO NO, ITALY TEL: +39−3217××××× Delivery Terms: FCA MILAN	INVOICE NO.: CX−2732 DATE: 2020/5/27 TO: ZHENGZHOU DENUO TRADING CO., LTD NO.×× BOSONG ROAD, JINSHUI DISTRICT, ZHENGZHOU, HENAN, CHINA

Mark & No.	Description	Quantity	Unit price	Amount
N/M	NUMERICAL CONTROL CUTTER HOLDER TB7360	3SETS	EUR 3 200.00	EUR 9 600.00
Total				EUR 9 600.00

Alfonso
OGNI MOMENTO S.P.A.

装箱单如下。

PACKING LIST

OGNI MOMENTO S.P.A. VIA MILANO, ××, ××××× CERANO NO, ITALY TEL: +39−3217×××××	INVOICE NO.: CX−2732 DATE: 2020/5/27 TO: ZHENGZHOU DENUO TRADING CO., LTD NO.×× BOSONG ROAD, JINSHUI DISTRICT, ZHENGZHOU, HENAN, CHINA

Mark & No.	Description	Case(s)	Gross Weight (kgs)	Net Weight (kgs)	Case Size
N/M	NUMERICAL CONTROL CUTTER HOLDER TB7360	3	300.0	270.0	70 cm×50 cm×65 cm
Total		3	300.0	270.0	0.683 cbm

Alfonso
OGNI MOMENTO S.P.A.

申报要素如下。

申报要素

数控刀架：84669310
用途：数控机床上用的，切割钢铁件
品牌：Ricci 牌
型号：TB7360
具体用于何种机器的哪个部位：用于切削单元
零件本身材质：合金钢

代理报关委托书如下。

代理报关委托书

编号：00450××××××

我单位现 A（A逐票、B长期）委托贵公司代理 A B 等通关事宜。（A、填单申报B、辅助查验C、垫缴税款D、办理海关证明联E、审批手册F、核销手册G、申报减免税手续H、其他）详见《委托报关协议》。

我单位保证遵守《海关法》和国家有关法规，保证所提供的情况真实、完整、单货相符。无侵犯他人知识产权的行为。否则，愿承担相关法律责任。

本委托书有效期自签字之日起至2020年9月10日止。

委托方（盖章）：

法定代表人或其授权签署《代理报关委托书》的人（签字）：

2020年6月11日

委托报关协议

为明确委托报关具体事项和各自责任，双方经平等协商签订协议如下：

委托方	郑州德诺贸易有限公司
主要货物名称	数控刀架
HS编码	8466931000
货物总价	EUR 9 600.00
进出口日期	2020年6月13日
提单号	057-4936 7633 SNL-2670 0088
贸易方式	一般贸易
原产地/货源地	
其他要求：	
背面所列通用条款是本协议不可分割的一部分，对本协议的签署构成了对背面通用条款的同意。	
委托方业务签章： 经办人签章：李×× 联系电话：139×××××××× 2020年6月9日	

被委托方	×××国际货运代理公司	
*报关单编码	No.	
收到单证日期	年 月 日	
收到单证情况	合同☑	发票☑
	装箱清单☑	提（运）单☑
	加工贸易手册□	许可证件□
	其他	
报关收费	人民币： 元	
承诺说明：		
背面所列通用条款是本协议不可分割的一部分，对本协议的签署构成了对背面通用条款的同意。		
被委托方业务签章： 经办报关员签章：王× 联系电话：180×××××××× 2020年6月9日		

（白联：海关留存、黄联：被委托方留存、红联：委托方留存）

中国报关协会监制

任务发布

6月13日，飞机从米兰正常起飞后，Carl收到米兰代理SNL LOGISTICS发送的航空预报（见表4-1）以及航空运单主单（见表4-2）、分单（见表4-3）、航空舱单（见表4-4）。

表4-1　　　　航空预报

<table>
<tr><td>
MAWB: 057−4936 7633
HAWB: SNL−2670 0088
No. of Pieces: 3CASES
Gross Weight: 300.0 KGS
Goods: NUMERICAL CONTROL CUTTER HOLDER TB7360
Shipper: OGNI MOMENTO S.P.A.
VIA MILANO, ××, ××××× CERANO NO, ITALY
TEL: +39−3217×××××
Consignee: ZHENGZHOU DENUO TRADING CO., LTD
NO.×× BOSONG ROAD, JINSHUI DISTRICT, ZHENGZHOU, HENAN, CHINA
TEL: +86−371−686×××××
Flight information:
AF1731　MXP/CDG　ETD : JUN 13 07:55　ETA: JUN 13 09:30
AF116　CDG/CGO　ETD : JUN 13 13:35　ETA: JUN 14 08:25
</td></tr>
</table>

表4-2　　　　航空运单（主单）

<table>
<tr><td>057</td><td>MXP</td><td>4936 7633</td><td>057−4936 7633</td></tr>
<tr><td colspan="2">Shipper's name and Address

SNL LOGISTICS
VIA LONDRA, ××, ××××× SEGRATE MI, ITALY
TEL: +392973×××××</td><td>Account no.</td><td>NOT NEGOTIABLE
AIR WAYBILL
(AIR CONSIGNMENT NOTE)
ISSUED BY
Air France</td></tr>
<tr><td colspan="2">Consignee's name and address

××× INTERNATIONAL FREIGHT FORWARDING CO., LTD
ROOM ×××, FLOOR ×, BLOCK A, SHENGHUI CENTER, NO. 16, NONGYE ROAD EAST, JINSHUI DISTRICT, ZHENGZHOU, CHINA
TEL: +86−371−×××××××</td><td>Account no.</td><td>It is agreed that the goods described herein are accepted in apparent good order and condition (except as noted) for carriage SUBJECT TO THE CONDITIONS OF CONTRACT ON THE REVERSE HEREOF, ALL GOODS MAY BE CARRIED BY ANY OTHER MEANS. INCLUDING ROAD OR ANY OTHER CARRIER UNLESS SPECIFIC CONTRARY INSTRUCTIONS ARE GIVEN HEREON BY THE SHIPPER. THE SHIPPER'S ATTENTION IS DRAWN TO THE NOTICE CONCERNING CARIER'S LIMITATION OF LIABILITY.
Shipper may increase such limitation of liability by declaring a higher value of carriage and paying a supplemental charge if required.</td></tr>
<tr><td colspan="3">Issuing Carrier's Agent and city</td><td rowspan="3">Accounting Information</td></tr>
<tr><td>Agent's IATA code</td><td colspan="2">Account no.</td></tr>
<tr><td colspan="3">Airport of Departure(Add. of First Carrier) and Requested Routing
MILAN, ITALY</td></tr>
</table>

续表

To CDG	By first Carrier AF	to CGO	by AF	to	By	Currency EUR	CHGS code	Wt/Val		Other		Declared Value for Carriage NVD	Declared Value for Customs NCV
								PPD PP	COLL X	PPD	COLL		

Airport of Destination ZHENGZHOU, CHINA	Flight/Date AF1731 /13 JUN 2020 AF116 /13 JUN 2020	Amount of Insurance NIL	INSURANCE–If carrier offers insurance and such insurance is requested in accordance with the conditions thereof indicate amount to be insured in figures in box marked Amount of Insurance.

Handling Information

No. of Pieces	Gross Weight	Kg/lb	Rate Class		Chargeable Weight	Rate/Charge	Total	Nature and Quantity of Goods (incl. Dimensions or Volume)
				Commodity item no.				
3	300.0	K	Q		300.0	2.50	750.00	NUMERICAL CONTROL CUTTER HOLDER TB7360 DIMS: 70 cm × 50 cm × 65 cm × 3cases VOL: 0.683 cbm
3	300.0						750.00	

Prepaid Freight	Weight Charge Collect	Other Charges
Valuation Charge		
Tax		
Total Other Charges Due Agent		
Total Other Charges Due Carrier		Shipper certifies that the particulars on the face hereof are correct and that insofar as any part of the consignment contains dangerous goods, such part is properly described by name and is in proper condition for carriage by air according to the applicable Dangerous Goods Regulations.
		× × × INTERNATIONAL FREIGHT FORW ARDING CO., LTD
Insurance Premium		Signature of Shipper or his agent
Total Prepaid	Total Collect	
	750.00	13 JUN 2020 MILAN, ITALY AIR FRANCE
Currency Conversion Rates	CC Charges in des. Currency	Executed on (Date) at (Place) Signature of issuing Carrier or as Agent
For Carrier's Use Only at Destination	Charges at Destination	Total Collect Charges

057–4936 7633

表 4-3　　航空运单（分单）

SNL	MXP	2670 0088	SNL−2670 0088

Shipper's name and Address　　Account no. OGNI MOMENTO S.P.A. VIA MILANO, ××, ××××× CERANO NO, ITALY TEL: +39−3217×××××	NOT NEGOTIABLE AIR WAYBILL (AIR CONSIGNMENT NOTE) ISSUED BY SNL LOGISTICS
Consignee's name and address　　Account no. ZHENGZHOU DENUO TRADING CO., LTD NO.×× BOSONG ROAD, JINSHUI DISTRICT, ZHENGZHOU, HENAN, CHINA TEL: +86−371−686×××××	It is agreed that the goods described herein are accepted in apparent good order and condition (except as noted) for carriage SUBJECT TO THE CONDITIONS OF CONTRACT ON THE REVERSE HEREOF, ALL GOODS MAY BE CARRIED BY ANY OTHER MEANS. INCLUDING ROAD OR ANY OTHER CARRIER UNLESS SPECIFIC CONTRARY INSTRUCTIONS ARE GIVEN HEREON BY THE SHIPPER. THE SHIPPER'S ATTENTION IS DRAWN TO THE NOTICE CONCERNING CARIER'S LIMITATION OF LIABILITY. Shipper may increase such limitation of liability by declaring a higher value of carriage and paying a supplemental charge if required.
Issuing Carrier's Agent and city SNL LOGISTICS, MILAN	Accounting Information
Agent's IATA code　　Account no.	
Airport of Departure(Add. of First Carrier) and Requested Routing MILAN, ITALY	

To	By first Carrier	to	by AF	to	By	Currency	CHGS code	Wt/Val PPD	Wt/Val COLL	Other PPD	Other COLL	Declared Value for Carriage	Declared Value for Customs
CDG	AF	CGO				EUR			X			NVD	NCV

Airport of Destination	Flight/Date	Amount of Insurance	
ZHENGZHOU, CHINA	AF1731 /13 JUN 2020 AF116 /13 JUN 2020	NIL	INSURANCE−If carrier offers insurance and such insurance is requested in accordance with the conditions thereof indicate amount to be insured in figures in box marked Amount of Insurance.

Handling Information

No. of Pieces	Gross Weight	Kg/lb	Rate Class	Commodity item no.	Chargeable Weight	Rate/Charge	Total	Nature and Quantity of Goods (incl. Dimensions or Volume)
3	300.0	K	Q		300.0	2.70	810.00	NUMERICAL CONTROL CUTTER HOLDER TB7360 DIMS: 70 cm×50 cm×65 cm×3cases VOL: 0.683 cbm
3	300.0						810.00	

Prepaid	Weight Charge	Collect	Other Charges
Valuation Charge			
Tax			
Total Other Charges Due Agent			Shipper certifies that the particulars on the face hereof are correct and that insofar as any part of the consignment contains dangerous goods, such part is properly described by name and is in proper condition for carriage by air according to the applicable Dangerous Goods Regulations.
Total Other Charges Due Carrier			OGNI MOMENTO S.P.A.
Insurance Premium			Signature of Shipper or his agent
Total Prepaid		Total Collect	
		810.00	13 JUN 2020　　MILAN　　SNL LOGISTICS
Currency Conversion Rates		CC Charges in des. Currency	Executed on (Date)　at (Place)　Signature of issuing Carrier or as Agent
For Carrier's Use Only at Destination		Charges at Destination	Total Collect Charges　　SNL−2670 0088

表 4-4 航空舱单

CONSOL MANIFEST SUMMARY

MAWB NO.		: 057−4936 7633			PAGE		: 1		
PIECES		: 3			DATE		: 13 JUN 2020		
TOTAL WEIGHT		: 300.0							
DEPARTURE		: MXP	DESTINATION	:CGO					
DEP	DEST	HAWB NO	SHIPPER	CONSIGNEE	PCS	SLAC	WEIGHT	SHC	GOODS DESCRIPTION
MXP	CGO	SNL−2670 0088	OGNI MOMENTO S.P.A. VIA MILANO, × ×, × × × × × CERANO NO, ITALY TEL: +39−3217 × × × × ×	ZHENGZHOU DENUO TRADING CO., LTD NO. × × BOSONG ROAD, JINSHUI DISTRICT, ZHENGZHOU, HENAN, CHINA TEL: +86−371−686 × × × × ×	3		300.0		NUMERICAL CONTROL CUTTER HOLDER TB7360
TOTALS		1 HAWB			3		300.0		

根据预报，Carl 得知航班将于 6 月 14 日上午 8:25 到达郑州，Carl 需与通关部报关员 Joe 配合完成此票业务的报关。

任务分析

任务分析如图 4–1 所示。

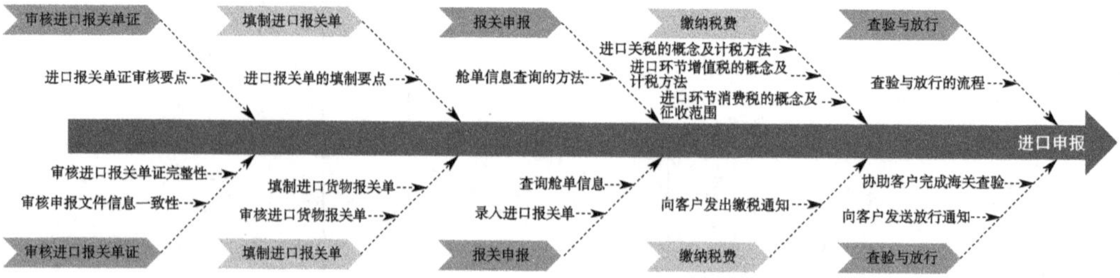

图 4–1　任务分析鱼骨图

任务实施

一、审核进口报关单证

（一）任务资讯

进口报关单证审核主要审核申报文件是否完整，申报文件的信息是否一致。

货物进口报关申报所需单证主要包括报关委托书、合同、发票、装箱单、航空运单和其他特殊单证，如进出口许可证等。在审核时应注意：（1）审核客户所提供的品名、税号和申报要素是否完整准确。申报要素是对外贸出口产品的一个补充说明，通常内容包括品牌、产品主材、型号、功能作用等；（2）根据货物税号查询是否涉及特殊监管条件，如涉及特殊监管条件，则应提前准备相应的单证方可进行申报，如进口许可证、卫生证书、原产地证书、动植物检疫许可证、加工贸易核销手册、减免税、CCC 证等。

各申报文件信息应保持一致，在审核时应重点审核：航空主运单和航空分运单的收发货人信息是否完整；航空分运单收货人信息是否与发票、装箱单、合同的买方一致；航空运单的品名、件数、毛重、体积是否与装箱单、发票一致；航空运单的目的港信息是否正确；航空运单的运费收费方式是否与贸易术语匹配；航空舱单的信息是否符合中国海关舱单系统发送的格式和内容要求。舱单信息不完整或者格式不准确将导致中国海关舱单系统舱单信息异常，不能进行预申报，需要启运港航空公司按照正确格式和内容要求重新发送，或者货物到达目的港以后由监管仓库在海关舱单系统进行信息补录，因此舱单信息格式正确完整与否对于进口申报的速度有很大影响，必须严格核对。

（二）任务实施

Carl 将郑州 ×× 贸易有限公司的合同、发票、装箱单、申报要素、报关委托书、航空主运单、航空分运单、航空舱单发送给通关部报关员 Joe。Joe 首先对单证的完整性进行了审核，根据税号（8466931000）查询了监管条件和申报要素，查询结果显示，该货物无特殊监管条件，客户提供的申报要素完整，无须客户提供其他监管条件的报关文件，查询结果如图 4–2 所示。

商品编码	846693100				
商品名称	刀库及自动换刀装置（品目 8456–8461 机器用）				
申报要素	0：品牌类型；1：出口享惠情况；2：用途［适用于 ×× 品牌 ×× 机或通用于 ×× 机等］；3：品牌；4：型号；5：GTIN；6：CAS；				
法定第一单位	千克	法定第二单位	无		
最惠国进口税率	0%	普通进口税率	17%	暂定进口税率	—
消费税率	—	出口关税率	0%	出口退税率	13%
增值税率	13%	海关监管条件	无	检验检疫类别	无
商品描述	刀库及自动换刀装置（品目 8456–8461 机器用）				

图 4–2 监管条件和申报要素查询结果

审核了单证的完整性后，Joe 确认了航空主运单、航空分运单、合同、发票、装箱单的货物信息是一致的；航空运单的运费收费方式（运费到付）与贸易术语（FCA MILAN）匹配；航空舱单的信息符合中国海关舱单系统发送的格式和内容要求，进口报关单证审核无误。

二、填制进口报关单

（一）任务资讯

进口报关单空白单和样例见表 4–5 和表 4–6。

表 4-5

进口报关单（空白单）

中华人民共和国海关进口货物报关单

预录入编号：　　　　海关编号：　　　　页码 / 页数：

境内发货人	进境关别	进口日期	申报日期	备案号
境外收货人	运输方式	运输工具名称及航次号	提运单号	货物存放地点
消费使用单位	监管方式	征免性质	许可证号	启运港
合同协议号	贸易国（地区）	启运国（地区）	经停港	入境口岸

包装种类	件数	毛重（kg）	净重（kg）	成交方式	运费	保费	杂费

随附单证
标记唛码及备注

项号	商品编号	商品名称及规格型号	数量及单位	单价 / 总价 / 币制	原产国（地区）	最终目的国（地区）	境内货源地	征免

特殊关系确认：否　　价格影响确认：否　　支付特许权使用费确认：否　　自报自缴：否

报关人员　报关人员证号　电话　兹申明以上内容承担如实申报、依法纳税之法律责任 申报单位　　申报单位（签章）	海关批注及签章

表 4-6

进口报关单（样例）

中华人民共和国海关进口货物报关单

预录入编号：461320201007××××××　　海关编号：461320201007××××××　　页码 / 页数：1/1

境内收货人 （911101054521××××××） 郑州 ×× 贸易有限公司	进境关别（4613） 郑州空港	进口日期	申报日期 20200614	备案号
境外发货人 OGNI MOMENTO S.P.A.	运输方式（5） 航空运输	运输工具名称及航次号 AF1731 AF116	提运单号 057－4936 7633 SNL－2670 0088	货物存放地点
消费使用单位 （911101054521××××××） 郑州德诺贸易有限公司	监管方式（0110） 一般贸易	征免性质（101） 一般征税	许可证号	启运港（ITA902） 米兰（意大利）
合同协议号 ZM 200521	贸易国（地区）（ITA） 意大利	启运国（地区）（ITA） 意大利	经停港（FRA901） 巴黎（法国）	入境口岸（410003） 郑州新郑国际机场

包装种类（23） 木制或竹藤等植物性材料制盒 / 箱	件数 3	毛重（kg） 300	净重（kg） 270	成交方式（1） FOB	运费 EUR/2.70/2	保费 000/0.003/1	杂费

随附单证
随附单证 2：合同；发票；装箱单；代理报关委托协议（纸质）

标记唛码及备注
备注：N/M

项号	商品编号	商品名称及规格型号	数量及单位	单价 / 总价 / 币制	原产国（地区）	最终目的国（地区）	境内货源地	征免
1	8466931000	数控刀架 4|3| 数控机床上用的，切割钢铁件 |Ricci 牌 |TB7360 型	300 kg 3 个	3 200.0000 9 600.0000 欧元	意大利 （ITA）	中国 （CHN）	（41019）郑州其他	照章征税（1）

特殊关系确认：否　　价格影响确认：否　　支付特许权使用费确认：否　　自报自缴：否

报关人员　　报关人员证号 5321××××　　电话　　兹申明以上内容承担如实申报、依法纳税之法律责任 申报单位（91210202MA0U××××××）××× 国际货运代理公司　　申报单位（签章）	海关批注及签章

进口报关单填制完成后需进行审核，审核要点包括以下几项。

（1）报关单内容是否完整，申报要素填写是否规范正确。

（2）单证相符，对照进口报关文件进行校对，保证所有信息正确一致，避免发生填写错误。

（3）审核报关品名和税号归类是否正确，如果报关品名和税号归类有疑问，可提出新的归类建议，提交给客户进行确认。

（4）发送给客户审核。由客户核对报关单的信息与其真实贸易信息是否一致，收发货人信息、货物最终目的地是否正确，对于报关员提出的更改税号建议是否接受，客户审核完毕给予书面回复确认。

（二）任务实施

Joe 结合报关单证信息，填制了进口报关单，并对报关单填制的完整性、内容的准确性与相关单据进行了对照，确认无误后发给郑州 ×× 贸易有限公司审核，客户审核无误后给予了书面确认。

三、报关申报

（一）任务资讯

1. 查询舱单信息

在货物起飞后，跟踪查询海关舱单信息系统，核对舱单信息显示是否主单号和分单号都完整，如果完整并且显示为确报动态，可在货物到港前进行提前申报。如果货物不是通过直航航班承运，为避免中转分批或延误的影响，可在货物到达目的港机场、舱单系统显示“理货正常”“运抵正常”后进行进口申报。

舱单信息可通过海关总署舱单信息查询系统查询，在货物运输的不同阶段，舱单信息查询结果如下。

（1）如果飞机还没有起飞，在舱单系统查询到的界面如图 4–3 所示。

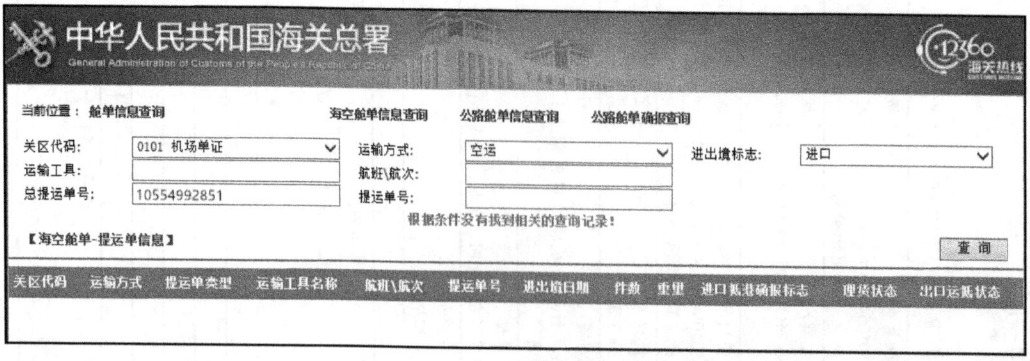

图 4–3　起飞前舱单信息查询

（2）飞机起飞，启运港航空公司向中国海关系统发送航空预报，预报信息包括但不限于航班号、航线、起飞时间、预计落地时间、乘机人员、货物重量、件数、目的港等，海关舱单信息系统显示如图 4–4 所示。

图 4–4　发送航空预报后舱单信息查询

飞机已经起飞，对于只有航空主运单没有航空分运单的直单，如果显示上述界面，可以在海关系统进行进口预申报、缴税和海关提运单放行的程序，但是如果货物到达后出现实际货物与原始舱单信息不相符需要更改舱单信息，就需要删单进行重新申报。

（3）飞机落地，航空公司向中国海关系统发送航空确报，海关舱单系统显示如图 4–5 所示。

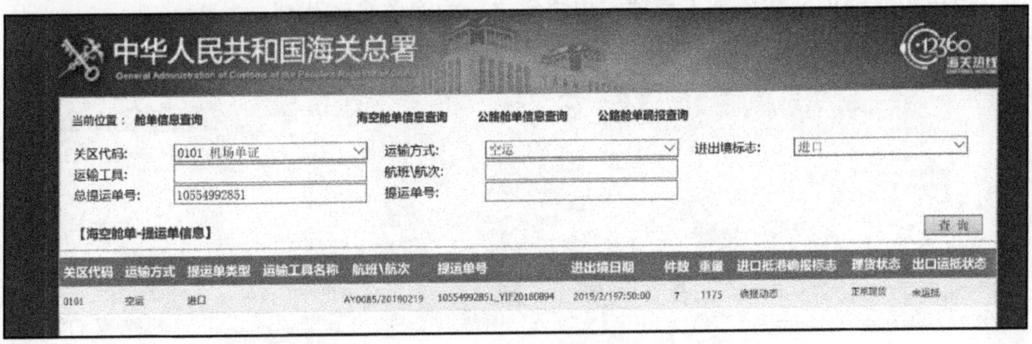

图 4–5　落地后舱单信息查询

（4）货物到达目的港理货正常以后，查询舱单信息显示如图 4–6 所示。主分单号完整代表主分单原始舱单信息都正常，理货状态和运抵状态代表货物已经分拨到二级监管仓库（即主单收货人仓库），而且货物已经完全到齐、没有分批、没有与原始舱单信息不一致，这样的状态进行进口申报，就不会有由于舱单信息再发生更改而进行删单重报的风险。

图 4-6　货物抵港理货正常后舱单信息查询

当查询舱单系统没有显示任何信息或者没有显示分单号，则说明启运港没有发送原始舱单信息，此时需要让收货人联系发货人，让其代理通知航空公司再次发送原始舱单信息；或在货物到达目的港一级监管仓库并确认货物信息正常后，由一级监管仓库在海关舱单信息系统中补发主单和分单的舱单信息，海关确认接受以后，海关舱单信息系统显示“理货正常”“运抵正常”后进行申报。如果没有原始分单的舱单信息，也可在补录分单的舱单信息同时进行进口申报。

2. 进口申报

当确认完毕舱单信息之后，在“中国国际贸易单一窗口”进行进口申报，申报界面如图 4-7 所示。按照预备的进口报关单信息逐条填入进口申报信息，黄色为必填项，白色为选填项，灰色是不填项，申报完之后由海关自动生成。

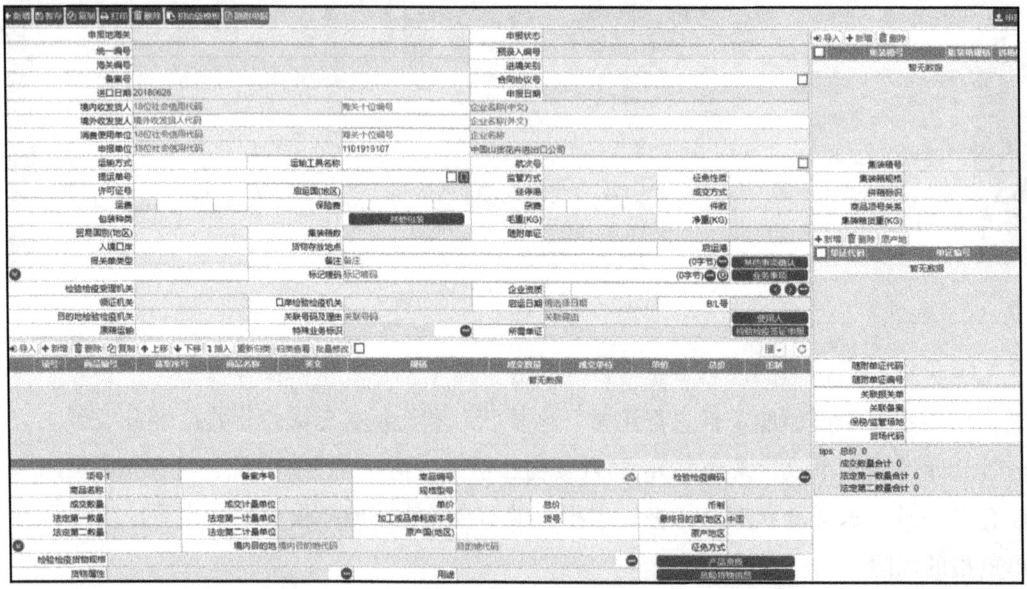

图 4-7　进口申报

（二）任务实施

6 月 14 日，Joe 通过海关总署舱单信息查询系统，查询到货物已到达目的港且理货正常，舱单信息如图 4-8 所示。Joe 登录国际贸易单一窗口，按照确认无误的进口报关单填入报关信息并提交海关。

图 4-8 舱单信息查询

四、缴纳税费

（一）任务资讯

1. 进口关税的概念及计税方法

（1）从价税

从价税是按进出口货物的价格为标准计征关税。这里的价格不是指成交价格，而是指进出口商品的完税价格。因此，按从价税计算关税，首先要确定货物的完税价格。从价税额的计算公式为：应纳关税税额 = 完税价格 × 进口关税税率；其中，对出口货物征收关税时，货物完税价格 =FOB 中国境内口岸 /（1+ 出口关税税率）。

我国对进口关税设置最惠国税率、协定税率、特惠税率、关税配额税率、普通税率等正税税率，在正常最惠国税率及关税配额等税率基础上，还可实施暂定进口关税。

1）最惠国税率。原产于与我国共同适用最惠国待遇条款的世界贸易组织成员国或地区的进口货物，或原产于与我国签订有相互给予最惠国待遇条款的双边贸易协定的国家或地区的进口货物，以及原产于中华人民共和国境内的进口货物，适用最惠国税率。

2）协定税率。原产于与中华人民共和国签订含有关税优惠条款的贸易协定的国家或者地区的进口货物，适用协定税率。自 2019 年 1 月 1 日起，对我国与新西兰、秘鲁、哥斯达黎加、瑞士、冰岛、韩国、澳大利亚、格鲁吉亚及《亚太贸易协定》国家的协定税率进一步降低。根据内地与香港、澳门《关于建立更紧密经贸关系的安排》货物贸易协议，自协议实施之日起，除内地在有关国际协议中作出特殊承诺的产品外，对原产于香港、澳门的产品全面实施零关税。

3）特惠税率。原产于与中华人民共和国签订含有特殊关税优惠条款的贸易协定的国家或者地区的进口货物，或者原产于中华人民共和国自主给予特别优惠关税待遇的国家或者地区的进口货物，适用特惠税率。自2019年1月1日起，根据《亚太贸易协定》规定，对《亚太贸易协定》项下的特惠税率进一步降低。

4）关税配额税率。国家对部分重要商品（2019年是小麦、玉米、稻谷和大米、糖、羊毛、毛条、棉花、化肥八类货物）实施关税配额管理。关税配额内的，适用关税配额税率。

5）暂定税率。在最惠国税率、协定税率、特惠税率和关税配额率基础上，国家在一定时期内可对进口的某些重要工农业生产原材料和机电产品关键部件制定暂时的关税税率。这种税率一般按照年度制定，并且随时可以根据需要恢复按照法定税率征税。

6）普通税率。上述之外的国家或者地区的进口货物及原产地不明的进口货物，适用普通税率。除以上关税正税税率设置外，国务院设立的关税税则委员会还根据形势变化在不同时期设置反倾销税、反补贴税、保障措施关税、报复性关税等附加关税税率。

（2）从量税

从量税是以商品的数量、重量、容量、长度和面积等计量单位为标准来征收关税的。它的特点是不因商品价格的涨落而改变税额，计算比较简单。从量关税额的计算公式为：应纳关税税额＝完税数（重）量 × 进（出）口从量关税税率。我国目前对冻整鸡及鸡产品、啤酒、石油原油、胶片等进口商品征收从量税。

（3）复合税

复合税亦称混合税，是指一个税目中的商品同时使用从价、从量两种标准计税，计税时按两者之和作为应缴税额的征收关税方式。目前，我国仅对进口货物采用该种计税方式。复合税征收计算公式为：关税税额＝完税价格 × 进口关税税率＋完税（重）量 × 进口从量关税税率。我国目前对进口价格高于2 000美元的磁带录像机、磁带放像机，对进口价格高于5 000美元的非特种用途电视摄像机、非特种用途数字照相机、非特种用途摄录一体机等进口商品设置了复合计征关税方式。

（4）滑准税

滑准税是在《进出口税则》中预先按产品的价格高低分档制定若干不同的税率，然后根据进口商品价格变动而增减税率的征收关税方式。当商品价格上涨时采用较低税率，当商品价格下跌时采用较高税率，其目的是使该种商品的国内市场价格保持稳定。我国目前仅对关税配额外进口一定数量棉花适用滑准税形式暂定税率。

2. 进口环节代征税

（1）进口环节增值税的概念及计税方法

进口环节增值税由海关依法向进口货物的法人或自然人征收，其他环节的增值税由税务机关征收。进口环节增值税税率的调整及增值税的免税、减税项目由国务院规定，任何地区、部门均不得规定免税、减税项目。进口环节增值税的起征点为人民币50元，低于50元免征。进口环节增值税组成计税价格中包含关税税额和消费税税额（不征收消费税的，消费税为零）。

应纳税额 = 增值税组成计税价格 × 增值税税率

其中，增值税组成计税价格 = 关税完税价格 + 关税税额 + 消费税税额

（2）进口环节消费税的概念及征收范围

进口环节消费税的税目、税率，依照《中华人民共和国消费税暂行条例》所附的“消费税税目税率表”执行；消费税税目、税率的调整，由国务院决定。进口环节消费税的起征点为人民币50元，低于50元的免征。进口至我国的应税消费品的消费税，根据商品的不同有从价定率、从量定额、从价定率和从量定额的复合计税三种计征方式，计算时需要根据具体的应税商品选择正确的计税方法。

消费税的征收范围，仅限于少数消费品。国家规定应征消费税的商品征收的范围共有以下四种类型。

第一类：一些过度消费会对人的身体健康、社会秩序、生态环境等方面造成危害的特殊消费品（如烟、酒、酒精、鞭炮、焰火）。

第二类：奢侈品、非生活必需品（如贵重首饰及珠宝玉石、化妆品）。

第三类：高能耗的高档消费品（如小轿车、摩托车、汽车轮胎）。

第四类：不可再生和替代的资源类消费品（如汽油、柴油）。

（二）任务实施

Joe 提交报关申报后，通过“中国国际贸易单一窗口”查询报关申报状态为“审结”，将报关单号码“461320201007××××××”发送告知郑州××贸易有限公司，告知其可登录“中国国际贸易单一窗口”自行缴税，如图 4–9 所示。

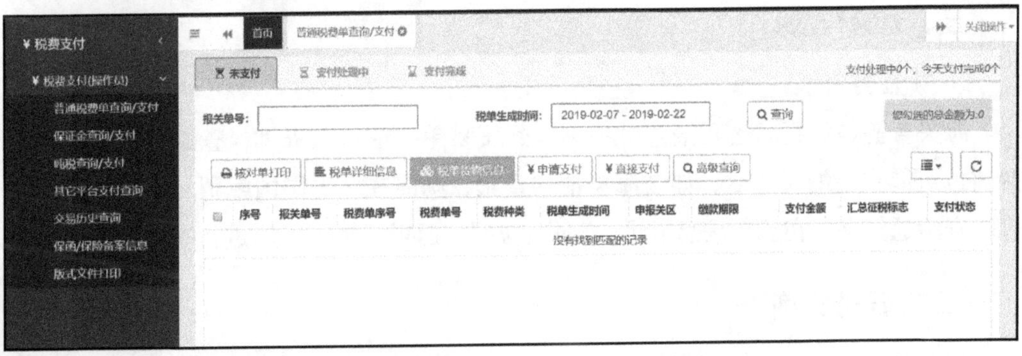

图 4–9 “中国国际贸易单一窗口”缴税界面

郑州 ×× 贸易有限公司登录"中国国际贸易单一窗口"，查看税单见表 4-7。根据 HS 号码查询到的税率信息，最惠国税率为零，进口增值税为 13%。经核对税单无误，郑州 ×× 贸易有限公司在"中国国际贸易单一窗口"完成了税费缴纳。

表 4-7　　进口增值税税费单

税费单详细信息			
报关单号：	461320201007××××××	税单序号：	01
税种：	L（进口增值税）	现场税单序号：	
申报口岸：	4613（郑州空港）	进出口岸：	4613（郑州空港）
收发货单位：	31006×××××（郑州 ×× 贸易有限公司）	货主单位：	31006×××××（郑州 ×× 贸易有限公司）
申报单位：	12069×××××（××× 国际货运代理公司）	提单号：	057-4936 7633　SNL-2670 0088
运输工具号：	AF1731　AF116	合同号：	ZM 200521
监管方式：	0110	征免性质：	101
进 / 出口日期：	20200614 00:00:00	进出口标志：	I
退补税标志：	–	滞报滞纳标志：	0
税款金额：	10 461.55	税款金额大写：	壹万零肆佰陆拾壹元伍角伍分
征税操作员：	9999	税单开征日期：	
缴纳期限：		收入机关：	中央金库
收入系统：	税务系统	预算级次：	中央
预算科目名称：	中央	收款国库：	×××××× 支库
收款单位名称：	×××××× 支库	收款银行账号：	××××××
收款银行代码：	××××××××××××	收款银行名称：	×××××× 支库

税费单货物信息									
税号	货名	申报数量	申报单位	成交币制	外汇折算率	完税价格	从价税率	从量税率	税额
8466931000	数控刀架	3	个	300	7.7304	80 473.46	0.13	0	10 461.55

五、查验与放行

（一）任务资讯

海关查验与放行状态可通过"中国国际贸易单一窗口"查询，查验可以在缴纳税费前也可能在缴纳税费后，如被海关抽到查验，则需在"中国国际贸易单一窗口"中打印查验通知书，在舱单信息显示"理货正常""运抵正常"以后进行查验。

（二）任务实施

报关员 Joe 通过"中国国际贸易单一窗口"查询报关状态，郑州 ×× 贸易有限公司未被抽中查验，予以放行，放行通知书如下。

通关无纸化进口放行通知书

×××国际货运代理公司

你公司以通关无纸化方式向海关发送下列电子报关单数据业经海关审核放行，请携带本通知书及相关单证至港区办理装货/提货手续。

郑州机场海关审单中心

2020年6月14日

预录入编号：461320201007××××××　　海关编号：461320201007××××××

进口关别（4613） 郑州空港	备案号	出口日期 20200614	申报日期 20200614
收发货人（911101054521××××××） 郑州××贸易有限公司	运输方式（5） 航空运输	运输工具名称 AF1731 AF116	提运单号 057-4936 7633 SNL-2670 0088
消费使用单位（911101054521××××××） 郑州××贸易有限公司	监管方式（0110） 一般贸易	征免性质（101） 一般征税	结汇方式
许可证号	启运国（地区）（ITA） 意大利	经停港（FRA901） 巴黎（法国）	境内货源地（41019） 郑州其他

批准文号	成交方式 FOB	运费 EUR/9.30/2	保费 000/0.003/1	杂费
合同协议号 ZM 200521	件数 3	包装种类（23） 木制或竹藤等植物性材料制盒/箱	毛重（kg） 300	净重（kg） 270
集装箱号		随附单证 随附单证2：企业提供的其他；发票；装箱单；合同；提/运单；代理报关委托协议（电子）		生产厂家

序号	商品名称、规格型号	数量及单位	原产国（地区）	单价	币值
1	数控刀架 4|3|数控机床上用的，切割钢铁件|Ricci牌|TB7360型	300 kg	意大利（ITA）	3 200.00	EUR（欧元）

兹申明，以上通知由我公司根据海关电子回执打印，保证准确无讹。

×××国际货运代理公司

2020年6月14日

知识考核

一、单选题

1. 审核航空预报单据时，如果发现舱单信息不完整或者格式不准确，下列说法正确的是（　　）。

A. 导致中国海关舱单系统舱单信息异常，不能进行预申报

B. 导致中国海关舱单系统舱单信息异常，但可以进行预申报

C. 不会导致中国海关舱单系统舱单信息异常，但不能进行预申报

D. 不会导致中国海关舱单系统舱单信息异常，可以进行预申报

2. 如果货物到达后出现实际货物与原始舱单信息不相符需要更改舱单信息，下列操作正确的是（　　）。

A. 修改单据进行提交　　B. 删单进行重新申报

C. 不用处理直接提交　　D. 不用处理直接打回

二、多选题

1. 负责进口报关文件时应审核的信息有（　　）。

A. 航空运单的运费收费方式是否与贸易术语匹配

B. 航空分运单收货人信息是否与发票、装箱单、合同的买方一致

C. 航空运单的品名、件数、毛重、体积是否与装箱单、发票一致

D. 航空运单的目的港信息是否正确

2. 航空预报单据时，如果发现舱单信息不完整或者格式不准确会导致严重后果，可以采取的解决办法有（　　）。

A. 需要启运港航空公司按照正确格式和内容要求重新发送

B. 不需要启运港航空公司按照正确格式和内容要求重新发送

C. 货物到达目的港以后由监管仓库在海关舱单系统进行补录信息

D. 货物到达目的港之前由监管仓库在海关舱单系统进行补录信息

3. 货物起飞，启运港航空公司向中国海关系统发送航空预报，预报信息包括（　　）。

A. 航班号　　B. 起飞时间　　C. 预计落地时间

D. 货物重量　　E. 目的港

4. 审核进口报关信息包括（　　）。

A. 审核进口的货物品名、税号和申报要素信息是否完整

B. 审核进口的货物是否涉及特殊监管条件

C. 审核进口申报的文件是否完整

D. 申报文件与货物的实际信息是否一致

三、判断题

1. 舱单信息不完整或者格式不准确将导致中国海关舱单系统舱单信息异常，对于进口申报的速度影响不大，可以进行申报。（　　）

2. 在审核航空预报单据时，只要负责核对航空主运单和航空分运单的收发货人信息是否完整即可，其他单据可以不用审核。（　　）

3. 通关部报关员审核报关品名和税号归类是否正确时，如果发现报关品名和税号归类有疑问，可提出新的归类建议，提交给客户进行确认。（　　）

技能训练

Joe 是 ××× 国际货运代理公司的一名报关员，她接到部门经理的指示，需要帮助客户完成一票业务的报关单填制，报关相关信息如下。

郑州 ×× 贸易有限公司（企业信用代码：911101054521××××××）与英国的 Nobby Technology Co., Ltd（代码：00022241××××）签订合同（合同号：DYC8474），进口 100 个信号警示灯。HS 编码：8530800000。申报要素：信号警示灯 / 含组件。品牌：Smart。型号：CF0903。用途：信号提醒用。法定第一单位：个。法定第二单位：kg。成交方式：CIP ZHENGZHOU。贸易方式：一般贸易（代码：0110）。征免性质：一般征税（代码：101）。征减免税方式：照章征税（代码：1）。净重：174.0 kg。毛重：187.0 kg。件数：5 件。包装种类：纸箱。单价：EUR39.50/ 个。此票货物预订了汉莎航空从希思罗机场始发、经法兰克福机场中转至新郑国际机场的 LH921 与 LH731 航班，航班信息如下。

LH921: 06.30 06:30 LHR － 06.30 09:05 FRA

LH731: 06.30 17:10 FRA － 07.01 07:55 CGO

入境口岸为：郑州新郑国际机场（410003），航空运单主单号为 020-6609 7332，分单号为 82652300。××× 国际货运代理公司（企业信用代码：（91210202MA0U××××××）。报关员 Joe 负责此票货物向郑州空港（4613）海关报关。境内目的地

为：郑州其他（41019）。郑州 ×× 贸易有限公司与 Nobby Technology Co., Ltd 无特殊关系，无价格影响。Nobby Technology Co., Ltd 也无须向郑州德诺贸易有限公司支付特许权使用费。

港口代码：伦敦（英国）GBR375，法兰克福（德国）DEU057。

国别（地区）代码：英国 GBR，德国 DEU。

请将上述信息填制到空白报关单内。

学习单元 2

货物入库

任务目标

- 能完成单货交接。
- 能完成货物库区理货。
- 能完成货物系统理单。
- 能编制到货通知。

聚焦情境

2020 年 6 月 7 日，× × × 国际货运代理公司收到了郑州 × × 贸易有限公司的航空运输委托。郑州 × × 贸易有限公司要从意大利米兰进口一批数控刀架，贸易术语为 FCA 米兰，委托 × × × 国际货运代理公司办理 6 月 13 日从米兰至郑州的航空运输与进口报关，并发送了相关单据的电子版（合同、发票、装箱单、申报要素、代理报关委托书），进口税费由郑州 × × 贸易有限公司自行缴纳。× × × 国际货运代理公司刘经理将此业务分配给航空货运部 Carl，Carl 根据郑州 × × 贸易有限公司的需求，联系了 × × × 国际货运代理公司在意大利米兰的合作代理——SNL LOGISTICS，预订的法国航空 6 月 13 日从米兰马尔彭萨机场（MXP）始发、中转巴黎夏尔 · 戴高乐机场（CDG）到郑州新郑国际机场（CGO）的 AF1731 与 AF116 次航班。6 月 13 日，飞机从米兰正常起飞后，Carl 收到米兰代理 SNL LOGISTICS 发送的如下航空预报。

MAWB: 057–4936 7633
HAWB: SNL–2670 0088
No. of Pieces: 3CASES
Gross Weight: 300.0 kg
Goods: NUMERICAL CONTROL CUTTER HOLDER TB7360
Shipper: OGNI MOMENTO S.P.A.
VIA MILANO, ××, ××××× CERANO NO, ITALY
TEL: +39–3217×××××
Consignee: ZHENGZHOU DENUO TRADING CO., LTD
NO.×× BOSONG ROAD, JINSHUI DISTRICT, ZHENGZHOU, HENAN, CHINA
TEL: +86–371–686×××××
Flight information:
AF1731 MXP/CDG ETD : JUN 13 07:55 ETA: JUN 13 09:30
AF116 CDG/CGO ETD : JUN 13 13:35 ETA: JUN 14 08:25

任务发布

收到航空预报后，Carl 通过航空公司官网，及时查询跟进航班动态。6 月 14 日 8:10，AF116 航班降落郑州新郑国际机场，Carl 需要跟进货物入库进程，与航空公司进行单货交接，完成理单与理货，并向客户发送到货通知。

任务分析

任务分析如图 4–10 所示。

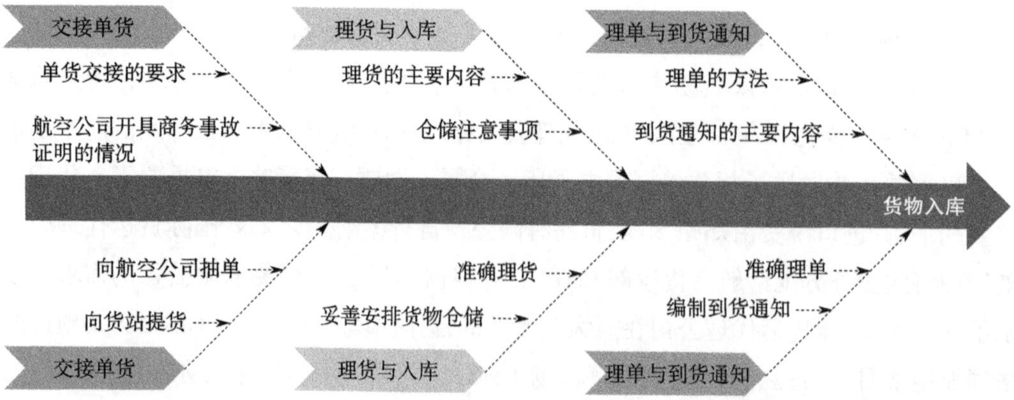

图 4–10 任务分析鱼骨图

任务实施

一、交接单货

（一）任务资讯

航空货物入境时，与货物相关的单据也随机到达，运输工具及货物处于海关监管之下。货物卸下后，将货物存入航空公司或机场的监管仓库，进行进口货物舱单录入，将舱单上总运单号、收货人、始发站、目的站、件数、重量、货物品名、航班号等信息通过计算机传输给海关留存，供报关用。同时根据航空主运单上的收货人及地址寄发取单、提货通知。若运单上收货人或通知人为某航空货运代理公司，则将运输单据及与之相关的货物交给该航空货运代理公司。航空公司的地面代理人向航空货运代理公司交接的有国际货物交接清单、总运单、随机文件、货物。

航空货运代理公司在收到取单、提货通知后，一方面，凭取单通知向航空公司设在机场的进口柜台抽单，取回随机文件、总运单及空运货运代理交接单；另一方面，凭到货通知向货站办理提货事宜。交接单货时做到单单核对，即交接清单与总运单核对；单货核对，即交接清单与货物核对。

航空货运代理公司在与航空公司办理交接手续时，应根据运单及交接清单核对实际货物，若存在有单无货或有货无单的情况，应在交接清单上注明，以便航空公司组织查询并通知入境地海关。发现货物短缺、破损或其他异常情况，应向民航索要商务事故记录，作为实际收货人交涉索赔事宜的依据。

通常，货运代理公司请航空公司开具商务事故证明情况的有如下几种。

1. 包装货物受损。

（1）纸箱开裂、破损、内中货物散落（含大包装损坏，散落为小包装，数量不详）。

（2）木箱开裂、破损，有明显受撞击迹象。

（3）纸箱、木箱未见开裂、破损，但其中液体漏出。

2. 裸装货物受损。

（1）无包装货物明显受损，如金属管、塑料管压扁、断裂、折弯。

（2）机器部件失落，仪表表面破裂等。

3. 木箱或精密仪器上防振、防倒置标志泛红。

4. 货物件数短缺。

部分货损不属运输责任，因为在实际操作中，部分货损是指整批货物或整件货物中极少或极小一部分受损，是航空运输较易发生的损失，故航空公司不一定愿意开具证明，即使开具了“有条件、有理由”证明，货主也难以向航空公司索赔，但可据以向保险公司提出索赔。对货损责任难以确定的货物，可暂将货物留存机场，商请货主单位一并到场处理；或由收货人或受收货人委托，由航空货运代理公司向国家出入境检验检疫部门申请检验，根据检验结果，通知订货公司联系对外索赔。

在实际中，航空货运代理通常拥有自己的海关监管车和监管库，可在未报关的情况下先将货物从航空公司监管库转至自己的监管库。

（二）任务实施

××× 国际货运代理公司航空货运部 Carl 凭取单通知，到法国航空进口柜台抽单，取回了货物的随机文件，包括航空主运单、航空分运单、航空舱单、合同、箱单、发票等，以及空运货运代理交接单。凭到货通知，到货站办理货物提取手续。对单单、单货进行了认真的检查与核对，确认无误后将货物提取到 ××× 国际货运代理公司的海关监管库。

二、理货与入库

（一）任务资讯

代理公司从航空公司接货后，即短驳进自己的监管仓库仓储；对于国外代理提供的随机单证要及时与货物核对，如有异议立即与货主联系催齐单证，使之符合报关条件。

1. 理货的主要内容

（1）逐一核对每票件数，再次检查货物破损情况，遇有异常，确属接货时未发现的问题，可向民航提出交涉。

（2）按大货、小货、重货、轻货、单票货、混载货、危险品、贵重品、冷冻品、冷藏品分别堆存、进仓。堆存时要注意货物箭头朝向，总运单、分运单标志朝向，注意重不压轻，大不压小，还要按货物体积大小、重量轻重、单票或混载、特殊货物分别堆存。

（3）登记每票货储存区号，并输入计算机。

2. 仓储注意事项

鉴于航空进口货物的贵重性、特殊性，其仓储要求较高，应注意以下几点。

（1）防雨淋、防受潮。货物不能置于露天，不能无垫托置于地上。

（2）防重压。纸箱、木箱均有叠高限制，纸箱受压变形，会危及箱中货物安全。

（3）防升温变质。生物制剂、化学试剂、针剂药品等部分特殊物品，有储存温度要求，要防止阳光曝晒。一般情况下，冷冻品置于 -20 ~ -15 ℃冷冻库（俗称低温库），冷藏品置放于 2 ~ 8 ℃冷藏库。

（4）防危险品危及人员及其他货品安全。空运进口仓库应设立独立的危险品库。易燃品、易爆品、毒品、腐蚀品、放射品均应分库安全置放。以上货品一旦出现异常，均应及时通知消防安全部门处理。放射品出现异常时，还应请卫生检疫部门重新检测包装及发射剂量外泄情况，以保证人员及其他物品安全。

（5）为防贵重品被盗，贵重品应设专库，由双人制约保管，防止出现被盗事故。总之，货物保管根据不同货种的实际需要进行保管。

（二）任务实施

×××国际货运代理公司航空货运部Carl结合随机文件，对货物的件数、破损情况进行了核对，确认没有问题后安排了货物进仓、堆存。

三、理单与到货通知

（一）任务资讯

1. 理单

（1）集中托运，总运单项下拆单

将集中托运进口的每票总运单项下的分运单分理出来，审核与到货情况是否一致，并制成清单输入计算机；将集中托运进口总运单项下的分运单输入海关计算机，以便实施按分运单分别报关、报检、提货。

（2）分类理单、编号

运单分类，一般有以下分类法。

1）分航班号理单，便于区分进口方向。

2）分进口代理理单，便于掌握、反馈信息，做好对代理的对口服务。

3）分货主理单，指对重要的经常有大批货物的货主，将其运单分类出来，便于联系客户，制单报关和送货、转运。

4）分口岸、内地或区域理单，便于联系内地货运代理，便于集中转运。

5）分运费到付、预付理单，便于安全收费。

6）分寄发运单、自取运单客户理单。分类理单的同时，须将各票总运单、分运单编上航空货运代理公司自己设定的编号，以便内部操作及客户查询。

（3）编配各类单证

货运代理人将总运单、分运单与随机单证、国外代理人先期寄达的单证（发票、装箱单、合同副本、装卸、运送指示等）、国内货主或经营到货单位预先交达的各类单证等进行编配。代理公司理单人员须将其逐单审核、编配。其后，凡单证齐全、符合报关条件的即转入制单、报关程序。否则，即与货主联系，催齐单证，使之符合报关条件。

2. 到货通知

货物到目的港后，货运代理人应从航空运输的时效出发，为减少货主仓储费，避免海关滞报金，尽早、尽快通知货主到货情况，提请货主配齐有关单证，尽快报关。

（二）任务实施

×××国际货运代理公司航空货运部Carl对分单货物信息与实际到货情况进行了核对，确认无误后将相关单据转交给通关部Joe办理报关手续。同时，Carl编制了如下到货通知发送给郑州××贸易有限公司。

ARRIVAL NOTICE 到货通知书

TO: 郑州××贸易有限公司

CONSIGNEE/收货单位	郑州××贸易有限公司	随附单证	
MAWB NO./主运单号	057–4936××××		
HAWB NO./分运单号	SNL–2670 0088		
ETA/航班抵达日期	20200614	发票	☑
☑ NORMAL GOODS/普货	☐ URGENT DOCUMENTS/快件	装箱单	☑
☑ DANGEROUS GOODS/危险品	☐ REFREGERATED CARGO/冷藏品	非木证明	☐
QUANTITY/件数	3	非针叶木证明	☐
WEIGHT/毛重	300.0 KGS	熏蒸证书	☐
CHARGEABLE WEIGHT/计费重量	300.0 KGS	原产地证明	☐
CARGO SIZE/货物尺寸	0.683 CBM	热处理证明	☐
PP/CC	CC	其他	☐

客户提货须知：

1. 请凭加盖正本公司章的到货通知书或换单委托书前往×××国际货运代理公司（中国郑州市金水区农业东路××号盛惠中心A座×层×××室）联系抽单业务，联系电话：0371–×××××××。
2. 上述货物于6月17日前为仓储免费期，逾期本司将收取相应的报关费用（危险品、冷冻、冷藏品无免费保管期）。我司提供全天候服务，接受24小时提货，特殊需要请与我司联系，仓库联系电话：0371–×××××××。

知识考核

一、单选题

1. 航空集中托运进口业务中，货代公司在收到航空公司发送的取单、提货通知后应（　　）。

A. 凭取单通知到货站提货

B. 凭到货通知向航空公司抽单

C. 不需要任何单证，直接抽单提货

D. 凭取单通知向航空公司抽单

2. 下列选项中关于理货的说法，错误的是（ ）。

A. 需要核对每票货物的件数

B. 由于在与航空公司交接时已检查破损情况，理货时无须再次检查是否破损

C. 堆存时要注意货物箭头朝向

D. 堆存时应注意重不压轻、大不压小

二、多选题

1. 航空进口业务中，货运代理与航空公司交接货单时，应（ ）。

A. 交接清单与货物核对

B. 单单核对

C. 交接清单与总运单核对

D. 单货核对

2. 以下情况中，货运代理公司可请航空公司开具商务事故证明情况的有（ ）。

A. 包装货物受损

B. 部分货损

C. 裸装货物受损

D. 货物件数短缺

3. 航空货物仓储时需注意（ ）。

A. 纸箱、木箱均有叠高限制，仓储时应注意防重压

B. 货物不能置于露天，不能无垫托置于地上

C. 防危险品危及人员及其他货品安全

D. 贵重品应设专库，由双人制约保管，防止出现被盗事故

三、判断题

1. 货物到目的港后，货运代理人应从航空运输的时效出发，为减少货主仓储费，避免海关滞报金，尽早、尽快通知货主到货情况。（ ）

2. 货代理货过程中，应将集中托运进口的每票总运单项下的分运单分理出来，审核与到货情况是否一致。（ ）

技能训练

郑州 ×× 贸易有限公司（企业信用代码：911101054521××××××）与英国的 Nobby Technology Co., Ltd（代码：00022241××××）签订合同（合同号：DYC8474），进口 100 个信号警示灯。货物净重：174.0 kg。毛重：187.0 kg。件数：5 件。以纸箱包装，每件尺寸为 50 cm × 50 cm × 60 cm。郑州德诺贸易有限公司将此票业务的进口报关、提货与配送委托给 ××× 国际货运代理公司，由航空货运部 Carl 负责。Carl 为此票货物预订了汉莎航空从希思罗机场始发、经法兰克福机场中转至郑州新郑国际机场的 LH921 与 LH731 航班，航班信息如下。

LH921: 06.30 06:30 LHR - 06.30 09:05 FRA

LH731: 06.30 17:10 FRA - 07.01 07:55 CGO

航空运单主单号为 020-6609 7332，分单号为 82652300。

请结合以上信息，简述货物入库过程，并制作到货通知。

学习单元 3

货物提取

任务目标

- 能查询海关放行状态和货物运抵理货状态。
- 能告知客户货物已放行，并获得客户发送的提送货指令。
- 能根据货物实际情况合理调配运送车辆。
- 能完成货物的提取工作，并处理提取货物时遇到的异常状况。

聚焦情境

2020 年 6 月 7 日，××× 国际货运代理公司收到了郑州 ×× 贸易有限公司的航空运输委托。××× 国际货运代理公司航空货运部 Carl 为此票货物预订了法国航空 6 月 13 日从米兰马尔彭萨机场（MXP）始发、中转巴黎夏尔·戴高乐机场（CDG）到郑州新郑国际机场（CGO）的 AF1731 与 AF116 次航班。6 月 13 日，飞机从米兰正常起飞后，Carl 收到米兰代理 SNL LOGISTICS 发送的航空预报。收到航空预报后，Carl 通过航空公司官网，及时查询跟进航班动态。6 月 14 日 8:10，AF116 航班降落郑州新郑国际机场，Carl 与航空公司进行单货交接，完成了理单与理货，并向客户发送了到货通知。同时，Carl 将货物信息发送给通关部报关员 Joe，配合 Joe 完成了此票业务的报关。

任务发布

报关完成后，Carl 需要确认货物放行状态，与郑州 ×× 贸易有限公司联系获得客户送货指令，调配车辆帮助客户提取货物。

任务分析

任务分析如图 4–11 所示。

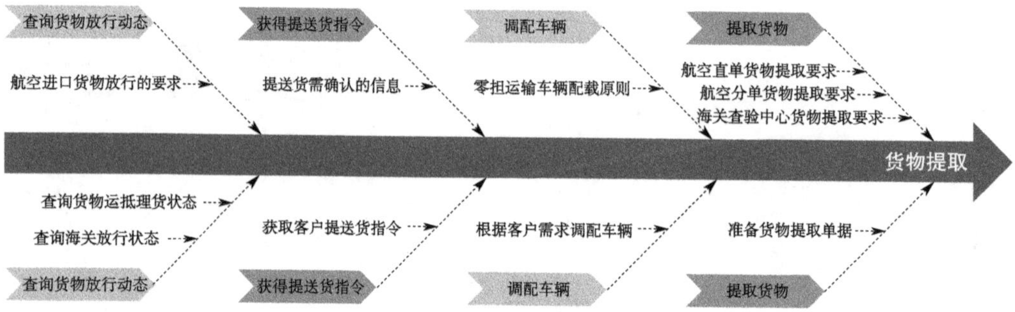

图 4–11　任务分析鱼骨图

任务实施

一、查询货物放行动态

（一）任务资讯

航空进口货物是否可以提取要完成两个操作：一是进口货物到达目的港以后，完成货物从航班到监管仓库的理货分拨和入库流程，实现货物的“运抵正常”和“理货正常”；二是完成向海关的进口申报及缴纳关税，海关完成该批货物的提运单放行后方可以提取货物。

> *** 小提示 ***
>
> 如果是海关查验货物，要跟踪货物是否已经完成进入监管仓库的理货手续。查询货物入库状态，如果显示有分单号的“运抵正常”“理货正常”，则需凭借海关的查验通知书，办理海关查验手续。监管仓库叉车将需查验的货物根据海关下发的查验通知书从监管仓库提取出来，送至海关查验区的仓库进行查验，海关查验无误、确认可以放行后，通关部的操作人员可以通过“中国国际贸易单一窗口”进行报关数据查询。

（二）任务实施

1. 查询货物运抵理货状态

××× 国际货运代理公司航空货运部 Carl 通过海关舱单信息系统查询货物的运抵和理货状态，查询运抵和理货状态一切正常，即可在海关提运单放行的状况下进行货物提取，如图 4–12 所示。

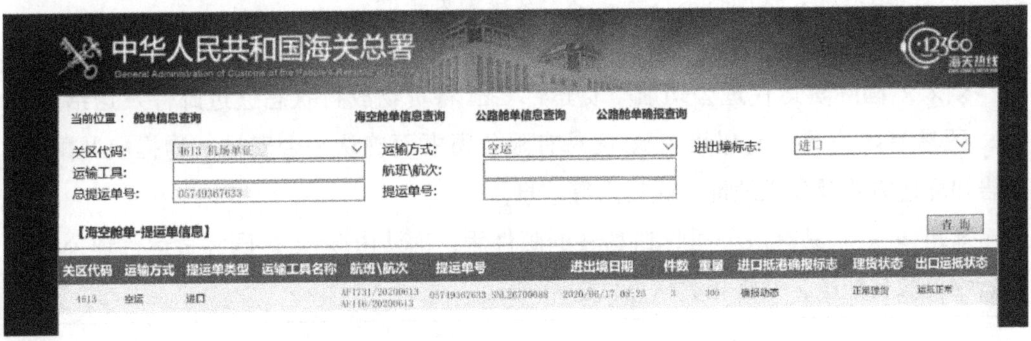

图 4–12　海关舱单信息系统显示界面

2. 查询海关放行状态

××× 国际货运代理公司航空货运部 Carl 进入“中国国际贸易单一窗口”平台，在“报关数据查询”页签下查询报关单号下的报关状态，以报关单回执处是否有“报关单放行”字样来确认海关是否已经放行货物，如图 4–13 所示。

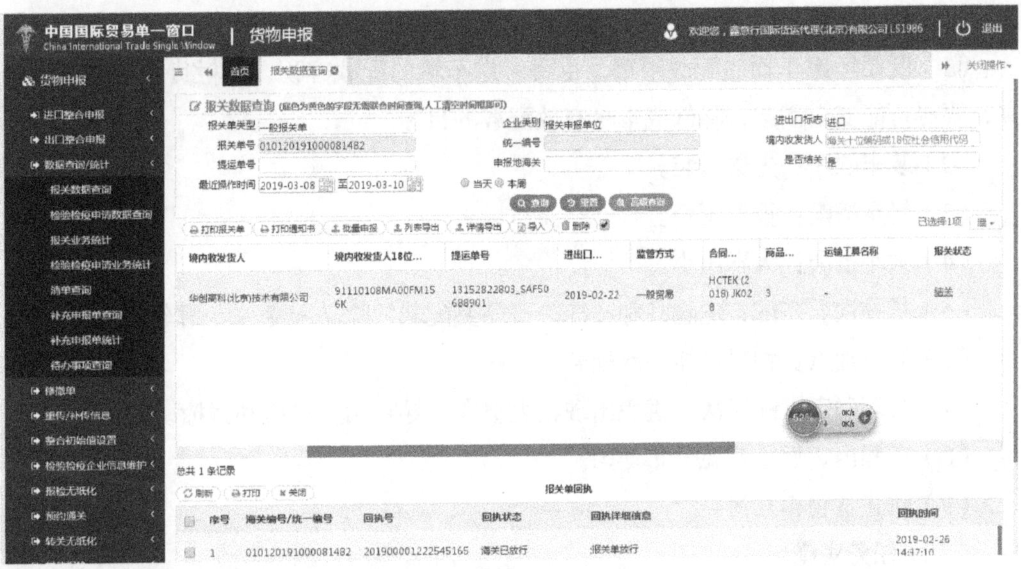

图 4–13　海关放行查询界面

二、获得提送货指令

（一）任务资讯

货代业务员确认货物可以开始办理提取手续后，通常将货物放行状态以邮件形式告知进口方，如果进口方委托货代业务员办理货物提取与配送，则需获得客户书面回复的确认提取货物及配送指示。同时，货代业务员还需要在邮件中询问客户货物的配送方式、配送地址、收货联系人等，以便安排提货车辆。

（二）任务实施

××× 国际货运代理公司航空货运部 Carl 将货物放行状态通过邮件发送给郑州 ×× 贸易有限公司，请郑州 ×× 贸易有限公司书面确认是否安排货物提取及配送，并告知配送方式及配送地址、收货人等信息。

郑州 ×× 贸易有限公司收到 Carl 的邮件后，确认由 ××× 国际货运代理公司安排货物提取与配送，并将相关信息发送给 Carl。

> Carl：
>
> 您好！货物放行邮件已收到，请协助安排货物提取与配送，配送请安排零担运输。
>
> 收货地址：河南省郑州市金水区博松路 ×× 号 孙 ×× 158××××××××。
>
> 谢谢！祝好！

三、调配车辆

（一）任务资讯

对于零担运输，应按照以下原则配载。

（1）既要考虑车辆的配载限重，也要考虑车辆的配载容积，高栏货车也要注意限高，要尽可能安全满载，降低成本是有效配载的目标。

（2）装车顺序：先送后装。

（3）轻重搭配：重不压轻。

（4）大小搭配：大不压小。

（5）货物性质搭配：危险品和冷冻冷藏品要配载危险品和冷冻专用车。

（6）同一地点货物尽可能一次配载。

（7）合理确定搭配层次，避免出现较大空隙，导致相互挤压和碰撞。

（8）车厢内货物重量要分布均匀。

（9）防止货物相互污染。

（二）任务实施

××× 国际货运代理公司航空货运部 Carl 将货物的航空运单、放行通知、提货与配送地址和提货文件交给运输部调度 Gary，Gary 根据货物运输线路集拼优化原则，选择了一辆载重量为 2.5 t 的 4.2 m 厢式货车，将此票货物同其他几件重量在 100 kg 以内的货物一起安排货物提取。

四、提取货物

（一）任务资讯

1. 航空直单货物提取

直单货物应到承运航空公司合作的监管仓库提取货物，司机提货携带航空主运单、提货介绍信、车辆行驶证、司机驾驶证和身份证，提货介绍信格式如下。

提货介绍信

致：______________

兹派遣我公司业务员______________前往贵司办理提货事宜。货物运单号：______________，身份证号：______________，联系电话：______________，请予以办理相关手续。

本介绍信有效期为：_______年___月___日至_______年___月___日。

顺颂商祺！

2. 航空分单货物提取

如果航空进口货物有分运单，货物没有进行海关查验，货物放行需到航空运单主单收货人即货代监管仓库提取货物，提货司机需携带调取运单提取货物证明、车辆行驶证、司机驾驶证、身份证等文件，调取运单提取货物证明文件格式如下。

调取运单提取货物证明

我公司中文名：

运单号：

本公司联系人与联系方式：

特准予调取本公司运单及提取本公司货物。

特此证明。

公司名称：

公　　章：

日　　期：

3. 海关查验中心货物提取

如果货物在进口申报过程中被海关抽中查验，需要在货物完成入库手续后将货物移库至海关查验中心仓库。移库手续办理流程是：首先打印海关查验通知书，然后准备全套进口申报文件的纸质版文件，凭借介绍信到货物所在监管仓库调取正本运单交付海关，海关在正本运单上加盖移库专用章后将其和海关查验通知书退给报关员，报关员将正本运单复印留存备用，将运单正本原件交给货物所在的监管仓库，办理监管仓库的结费手续，监管仓库使用分拨拖车将货物运送到海关查验中心仓库。通关部的现场查验人员查询查验货物是否运抵查验中心、进口申报全套文件是否流转到海关查验中心，单货全部到齐后可申请海关查验派单，进行货物查验。查验放行后，货物不再退回监管仓库，货物直接从海关查验中心仓库提取。提货司机需携带车辆行驶证、司机驾驶证、身份证和加盖海关移库章的正本运单复印件等文件提取货物。

（二）任务实施

郑州 ×× 贸易有限公司货物未被抽中海关查验，××× 国际货运代理公司航空货运部 Carl 将调取运单提取货物证明发送给司机，司机携带调取运单提取货物证明、车辆行驶证、司机驾驶证、身份证等文件提取货物。

调取运单提取货物证明

我公司中文名：郑州 ×× 贸易有限公司

运单号：SNL-2670 0088

本公司联系人与联系方式：周 ××，183××××××××。

特准予调取本公司运单及提取本公司货物。

特此证明。

公司名称：郑州 ×× 贸易有限公司
公　　章：
日　　期：2020 年 6 月 15 日

知识考核

一、单选题

1. 提货司机在提货时不需要携带的资料是（　　）。

A. 车辆行驶证　　B. 司机驾驶证　　C. 身份证　　D. 健康证

2. 提货介绍信不需要的内容是（　　）。

A. 货物运单号　　B. 身份证号

C. 联系电话　　D. 驾驶证号码

3. 货物卡车在配载时不需要考虑的内容是车辆的（　　）。

A. 配载限重　　B. 配载容积

C. 限高限款　　D. 颜色

二、多选题

1. 货物卡车配载原则包括（　　）。

A. 装车顺序：先送后装　　B. 轻重搭配：重不压轻

C. 大小搭配：大不压小　　D. 同一地点货物尽可能一次配载

2. 航空直单下，司机在提货时需要携带的单据和证件有（　　）。

A. 航空运单　　B. 介绍信

C. 车辆行驶证　　D. 司机驾驶证和身份证

E. 提货单

三、判断题

1. 如果航空进口货物有分运单，货物没有进行海关查验，货物放行需到航空运单主单收货人即货代仓库提取货物。（　　）

2. 如果货物在进口申报过程被抽中查验，不需要在货物完成入库手续后将货移库至海关查验中心仓库。（　　）

技能训练

郑州 ×× 贸易有限公司（企业信用代码：911101054521××××××）与英国的 Nobby Technology Co., Ltd（代码：00022241××××）签订合同（合同号：DYC8474），进口 100 个信号警示灯。货物净重：174.0 kg。毛重：187.0 kg。件数：5 件。以纸箱包装，每件尺寸为 50 cm×50 cm×60 cm。郑州 ×× 贸易有限公司将此票业务的进口报关、提货与配送委托给 ××× 国际货运代理公司，由航空货运部 Carl 负责。在报关申报中，此票货物被海关抽中查验，现已完成查验，海关已放行。

请结合以上信息，自行确定配送方式，制作 PPT，简述货物提取过程。